优势谈判

林画 著

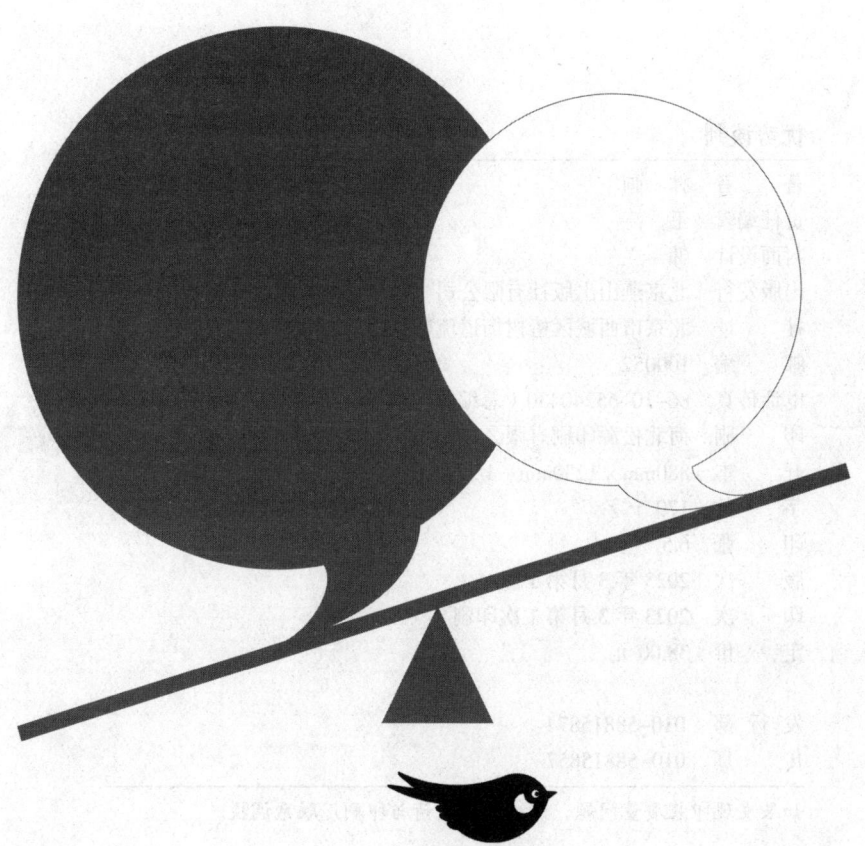

北京燕山出版社

图书在版编目（CIP）数据

优势谈判 / 林画著 . — 北京：北京燕山出版社，2023.3
　ISBN 978-7-5402-6647-9

Ⅰ . ①优⋯ Ⅱ . ①林⋯ Ⅲ . ①谈判学 Ⅳ .
① C912.3

中国版本图书馆 CIP 数据核字（2022）第 180537 号

优势谈判

著　　者	林　画
责任编辑	王　涛
封面设计	韩　立
出版发行	北京燕山出版社有限公司
社　　址	北京市西城区椿树街道琉璃厂西街 20 号
邮　　编	100052
电话传真	86-10-65240430（总编室）
印　　刷	河北松源印刷有限公司
开　　本	880mm×1230mm　1/32
字　　数	170 千字
印　　张	6.5
版　　次	2023 年 3 月第 1 版
印　　次	2023 年 3 月第 1 次印刷
定　　价	38.00 元

发 行 部　010-58815874
传　　真　010-58815857

如果发现印装质量问题，影响阅读，请与印刷厂联系调换。

PREFACE 前言

提到谈判，人们难免有一种畏惧心理，自然而然地联想到商场以及政治外交场合一些显要人物就重大事件进行的协商会谈，这是一种典型的对谈判的误解。

人们在日常生活中经常可以听到、阅读到谈判一词，但究竟什么是谈判，为什么要谈判，应该怎样谈判，却没有多少人能理解。

从广义上说，所谓谈判就是双方或者多方基于各自的需求通过沟通而达成妥协的过程。

谈判是人与人交流的普遍形式，通过谈判我们向他人传达自己的期待、需求和欲望，我们同样也通过谈判去了解别人的期待、需求和欲望。

谈判的主体可以是国家、团体、组织，当然也可以是个人，谈判的形式并不一定需要正规的开会探讨，个人就私事进行协商、争辩也可以是谈判。

从这个意义上来说，谈判是社会中一个极其广泛的应用技巧，渗透在生活的每一个角落。

日常工作中的人际沟通，是谈判；和家人协商一个旅行计划，是谈判；去商店购物与卖家讨价还价，是谈判；男女之间的相亲、恋爱，也是谈判……事实上，我们一生都在进行谈判，只是我们没有意识到罢了。

我们从出生时就开始谈判。

第一次是在我们感到饿的时候，我们便会用哭喊与妈妈谈判，直到她喂我们吃的为止。我们无意识地这样做，是天性使然。

接下来我们不停地与所有遇到的人谈判，玩伴、同学、朋友、老板、同事等等。

男孩会和女孩谈判，反之亦然。夫妻更是经常互相谈判，当你买车买房的时候，当你和朋友决定看哪一部电影的时候，都会有谈判出现。

因此，谈判并不仅仅存在于复杂的商业贸易和政治外交当中，它其实是人们日常生活的一部分，甚至它就是生活本身。

谈判与生活的关系是如此密切，它渗透在人生的每一个阶段，每一个大大小小的行动举措之中，如果说整个人生的大成功是由无数的点点滴滴的小成功累积而成的话，那么谈判能力在这个过程中就充当着举足轻重的角色，是谈判在不知不觉中推动着一个人从一个成功走向另一个成功，不断积聚勇气和自信，直至登上成功的巅峰。

当然如果你在人生不断的谈判中总是处于被动状态，总是输家的话，你也就在无形之中从一个失败走向另一个失败，对自我的信心也将不断丧失，直至陷入困境的深渊。因此，学习谈判乃是我们生存和发展、获得财富最基本的手段，比学习任何其他技能更重要，更不可或缺，适用的范围更广泛。

正所谓：法乎其上，得乎其中；法乎其中，得乎其下。

提高自己谈判水平的最好方法当然是向通过谈判在人生中取得了巨大成功的人士学习。

无数谈判高手都是典型人物，他们在几十年的商场打拼中形成了自己以人性为基础的独特的谈判理念和风格，值得所有渴望在人生中取得成功、获得财富的人们借鉴和模仿。

如果读者也希望做生活的强者，获取成功与财富，那么请别犹豫，翻开这本书，看顶尖人物是如何在谈判中纵横驰骋的吧。

我们虚构的谈判高手马建国是一个善于公关的天才，他领悟了人性的要素，而在生意中扮演谈判者的则是他的助手陈历的强项。

他们之间的配合极其默契，一般是由马建国先提出构想，然后陈历负责具体操作。

陈历和马建国共同摸索出了一套简单明了的工作方法。从合作开始，陈历便不仅要完成他工作中属于自己的部分，还必须在他的要求下，另外处理属于马建国的部分。

他们的工作方式是，在任何陈历需要他帮助的时候（通常是需要他的个人公关能力大显身手的时候），他便介入进来。同样的，马建国给予陈历特殊的地位，给他足够的自由按照他觉得合适的方式去打理生意。

陈历的法律顾问与商务谈判工作因此得以同时进行，这对于任何一位法律顾问来说都是不同寻常的，他必须具备多数律师所没有的丰富的直接商务经验。

当然，陈历也收录了很多从其他案例中所学到的经验。这些策略和方法可以被运用到各种商务活动中——小到购车、向老板要求加薪，大到购买和出售房产，甚至是投资一幢商业大楼。

谈判高手风格的一个重要组成部分便是扬长避短，他们拥有惊人的严密思维和他人无法企及的创造性，这使他能够解决十分复杂的难题。同时，他善于把握什么是对手想要的和需要的，并能找到达成自己目标的方法。

CONTENTS 目录

第一章
谈判的本质，在博弈中获取更多

谈判的规则 4
谈判是生活的一部分 5
谈判的定义 6
谈判通常意味着妥协和创新 7
对谈判的认识误区 12
促成谈判成功的 7 个目标 14
小结 17

第二章
完美开局，建立信任的基础

谈判双方的共同目标 21
赢得对方的信任 25

用不同的谈判风格应对不同的谈判环境.................29

第三章
知己知彼，看穿对方底牌

透过表象看本质...32
学会判断他人透露的信息......................................34
焦虑情绪影响双方合作...35
对方获取的信息可能并不全面................................36
警惕粉饰后的陷阱...37
确定谈判中的关键人物...39
发掘隐藏的弱点与信息...41
充分利用对方的弱点..43
两种常见的弱点..45

第四章
谈判策略，打造一场完美的博弈

用激情激励别人..48
与对方建立良好关系有助于谈判成功.....................48
与对方建立良好的关系...50
推销自己的方法有技巧...51
最小付出原则..51

第五章
掌控节奏，谈判进程由你来主导

懂得掌控谈判进程 56
主动获取谈判主导权 58
设置期限，加快谈判进程 60
发现有效的谈判工具 63
筹划谈判，从各个方面入手 66
学会利用捆绑方案 66
并非所有的僵局，都对你不利 68
大公司害怕僵局 71
打破僵局的方法 72

第六章
谈判升维，利用人性的力量

谈判也要讲点心理学 74
抓住人的竞争心理 76
高远目标＋不露声色＝获得成功 77
看透别人的优越感 79
适时保持沉默 80
"最小化努力"原理 81
总有人喜欢免费的东西 81

人们相信善有善报 82
懂得借用本真的力量 84
勇于承认自己的错误 86
战胜你的拖延症 87
时间成本也是谈判成本 88

第七章
优势谈判，抛出选择，引导最终结果

从多方面确定谈判底线 96
学会放长线，钓大鱼 97
把灵活变通当作战略工具来运用 98
灵活变通也有不同 99
有关灵活变通的策略 100
知道自己谈判的潜在目的 101

第八章
有效实践，提升你的谈判力

谈判之前，做好充分准备 105
做足功课，深挖信息 105
明确双方的谈判准则 106
文字材料是重中之重 107
工作笔记要清晰明了 108

明白工作笔记的重要性 109

通过工作笔记记录交易重点 111

将双方诉求列表呈现 112

愿望清单 113

谈判后及时复盘总结 114

第九章
谈判策略：所有的条件都指向结果

实际信息 124

表观信息 127

表观信息在谈判中的运用 128

第十章
强硬策略和应对办法

收缩性恭维，"你能做得更好" 135

"那就是我能做的全部" 138

比对方更吹毛求疵 141

第十一章
强硬策略及其使用时机

当你决定采取强硬策略时，你要做些什么 144

目录 005

第十二章
谈判降维,有底线才能做到张弛有度

适当施加压力,也是一种思路 154
低调而坚持原则 158
在战场之外建立和谐氛围 159
建立长效监视机制以防突然袭击 160
了解每个细节 162
把表现"聪明"的机会留给别人 164
多恭维,少透露有效信息 165
向他身边的人求助 167
看透那些优柔寡断的人 167

第十三章
在谈判中要灵活机动,不拘一格

一定要相信自己的能力 170
在谈判中一定要采用自己的风格 173
不要谈论自己的弱点 174
达成协议前要一直保持倾听 175

第十四章
谈判之外,道义上的承诺

没有法律效力的意向书 178

仔细研究意向书和备忘录...................... 179
谈判中没有完成的重要条款.............. 180
条件之外，还有空白 180
谁来主导文件....................................... 181

第十五章
复盘一次交易，训练谈判技巧

第一章

谈判的本质,在博弈中获取更多

本书以一个虚构小故事作为开始,希望它能帮助读者树立起成为专业谈判家的信心。

老张的人生很美满,因为他不仅是一个亿万富翁,而且他的妻子还为他生下了一对双胞胎儿子,他们健康地成长着,到现在已经十岁了。

老张的这对双胞胎儿子在相貌上至少有八分相似,但两人的性格却是大不相同。

其中一个儿子生性乐观,对自己所认定的事物坚定不移,另一个则整日郁郁寡欢,好似那阴雨的天气,对一切事物都保持悲观的态度。

老张一个人发呆的时候,时常会想,如果另外一个儿子也能乐观一些该多好呀!

于是,在两个孩子生日这天,老张悄悄的给两位孩子准备了不一样的生日礼物。

他为那个性情悲观的孩子买了一辆价值不菲的山地自行车,老张认为,十岁的孩子一定会喜欢这样完美的礼物,因为在老张十岁生日时,最想要的就是一辆山地自行车,只可惜,那时候家里很穷,自己的父亲并不是一位亿万富翁。

而老张为另外一个生性乐观的孩子准备的,则是一个普普通通的鸡蛋。

在孩子们生日的早晨,他首先来到那个生性悲观的孩子房间,问道,"佳瑞,喜欢爸爸送你的礼物吗?"

"喜欢?"张佳瑞答道,"我一点儿也不喜欢,我讨厌它。"

老张询问,"这是为什么?"

张佳瑞回答,"如果我骑着这辆自行车出去,我可能会被汽车撞断双腿,即使我大难不死,最后也肯定会躺到医院里。所以我不仅不喜欢,而且还很讨厌它!"

老张无言以对,只好把希望寄托在另外一个孩子身上,希望那个生性乐观的孩子会偶尔悲伤一次,但当他打开马佳昊的房间时,他整个人都傻住了。

只看见那个乐观的小家伙正坐在床上,小心翼翼的将一个鸡蛋捧在掌心,并且欢乐地唱着歌。

老张很疑惑,问他,"你在干什么?"

张佳昊答道:"老爸,谢谢您送我的生日礼物,我很喜欢。"

老张问,"感谢我?"

张佳昊捧着鸡蛋连连点头,"是的,我猜这颗鸡蛋里肯定藏着一只可爱的小鸡。"

一言以蔽之,这个故事概括了一个经验老到的谈判专家所需具备的心理素质。优秀的谈判者要学会如何从一颗普通的鸡蛋里找出一只可爱的小鸡——一笔完美的生意。

如果我们想在谈判中胜过他人,就必须观察并获知对方的真实想法——而不是听信于他们的鬼话。你必须通过大量的提问去发现什么是他们可以忍受的，什么又是他们所无法忍受的。你必须拥有极大的耐心以持续地探查他们的优势与弱点。

谈判的规则

在我们继续之前，请先回答下列两个问题。

1. 在谈判中有规则可循吗？正确的答案是："没有，在谈判中没有规则可循。"

2. 那么谎言、欺诈和哄骗是允许的吗？正确的答案是："是的，全都允许。"

但这并不意味着你可以采取不道德甚至违法的行为。

例如，假设对方问你："对你来说这笔生意很关键吗？"

你不可以坦白地回答"是"，否则你会陷入非常不利的境地。

你应该回答："并不是特别关键，我希望做成它，但同时我也有许多别的选择以备万一。"

没有任何游戏或竞技给予参与者如此大的自由。以篮球为例，它拥有严格的规则。每队六到十二人，候补队员为一到七人，其中队员中有一人担任队长，比赛共八十分钟，前、后半场，半场各二十分钟，两场中场休息十分钟，若比赛结束时两队积分相同，则延长比赛时间。违规操作有很多，例如普通的有带球走步、用脚踢球、用拳头击球，严重的有带球撞人、恶意犯规。

但谈判，是真正的"生活的游戏"，没有规则来决定它该如何玩或者由什么决定其犯规与否。一系列的人际关系与交流实践不可避免地决定了，只有参与谈判的各方能够决定他们是成功、失败还是打平。

谈判是生活的一部分

多数人对谈判这一概念有恐惧感，而事实上，我们一生都在进行谈判，只是我们没有意识到罢了。

我们从出生时就开始谈判。我们第一次感到饿的时候，便用哭喊与妈妈谈判，直到她喂我们吃的为止。我们无意识地这样做，是天性使然。

你其实在不停地与所有你遇到的人谈判，可能是你的老板，也可能是你的玩伴。男孩会和女孩谈判，反之亦然。夫妻更是经常互相谈判。当你买车买房的时候，当你和朋友决定看哪一部电影的时候，都会有谈判出现。谈判并不仅仅存在于复杂的商业贸易当中，它其实是日常生活的一部分。

许多人认为谈判的最终目的是尽全力做成最划算的交易。真正的谈判高手的途径却恰恰相反，他努力使对方在他的谈判中能够从个人的角度感到满意。

比做成一笔买卖，比胜利更重要的是创造一个友善的关系和气氛，而不是努力去夺得对方不愿给你的东西。

有些人因为对人性敏锐的洞察力，获得了伟大的谈判家的声誉。他们懂得人们如何思考，懂得如何激发他们去相信并支持自己。他们能设计出正确的战略，帮助拓展人们的思维，让他们摆脱自己强加给自己的限制而不是搪塞它们。

我们倾向于相信，对人来说金钱上的奖赏远非最好的激励因素，事实上人们常常被自尊心、声望、认同感和自我实现所驱动。这也正是为什么谈判高手很少在谈判中出金钱牌的原因。

他拥有一个生气勃勃而极具说服力的个性，而且能熟练地运用它。谈判高手能够在合适的时刻用合适的语言将对手转变成伙伴，使有争议的分歧达成双方都满意的结果。对大多数人来说，达成一个每方都能接受的结果，正是谈判的真谛所在。

谈判的定义

作为一位优秀的谈判家，你必须认识到，谈判远比两个人讨价还价要深奥复杂。谈判是我们与他人交流的首要形式。谈判是所有传达我们的期待、需求和欲望信息的方式的集合，我们同样也通过它去了解别人的期待、需求和欲望。语言无疑是主要的工具，但是精彩的谈判远不止合适的语言。它还包含了我们所有微妙的和不那么明显的表达方式。

我们倾向于把谈判狭隘地理解为通过会谈、倾听和议价来达成想要的结果。但不要忘记，谈判还包含了许多无需语言的形式。

例如某人在约会中迟到并拒绝道歉甚至根本就不露面，这也是谈判的一部分。最具代表性的就是人们有时候会选择不做或不说一些事情——不接电话，缩短会议时间，或者推迟举行有争议的会谈——所有这些都属于谈判的技巧。任何影响你对他人的需求或他人对你的需求的行为（积极的或消极的）都是谈判。

谈判通常意味着妥协和创新

生活中的一点基本事实便是，我们从来不可能获得所有想要的东西。谈判只是一个人们学会妥协并在可以接受的范围内找到自己原需求的替代品的过程。每个进入交易的人都认为自己准确地知道自己想要什么。但是他们经常是得不到的，所以他们必须学会如何妥协。

例如，你走进一家汽车经销点，你开始可能会这样说道："我要一辆车，顶配自动挡，最好是可半智能操控。"

而当你看了一个新款式以后你又会接着说："我非常喜欢这款，它就是我想要的。"

经销商则会告诉你："它拥有你所提的一切要求，而且只要二十八万元。"

因为你并不想在汽车上花费这么多，所以你会告诉他那超出了你的预算。

经销商则会回答道："我还可以带您看看这两款十五万元人民

币价位的车，但是它们都不完全具备您所要求的配置，这就要看那些配置对您有多重要了。"

于是你不得不首先放弃一些华而不实的配置……到最后，你所买到的东西并没有完全达到你最初的要求，而是一个在可接受范围内妥协的替代品。

所以说，在生活中，每一场谈判，每一件事情都存在额外的好处或不足——你必须权衡利弊——在利大于弊的时候做出决断。就这么简单，虽然其中还包含着很多挫折、危机和争议。

收集对手和自己的一切必要信息正是谈判的关键所在。就像完成一幅特殊的智力拼图，它没有盒盖上的图像作指导，碎片的数量也不确定，更没有形状和颜色暗示它们该放的位置。

这不可能完成吗？

这真的很难完成吗？

其实这并没有那么难，谈判要求你利用脑力思维去代替你的五官感觉。着手一次谈判又如开始一次通向假想目的地的旅行，没有地图，而你获知的所有方向又都是刻意误导你的。因为人们一旦意识到对他们的利益存在危害，就不会那么坦率了。

例如，谈判高手从来不会在一开始就明确地告知对方自己的真实想法。

举个典型的例子，让我们分析一下谈判高手李沐为建造某栋大厦而与该家董事长王东进行的那场冗长的谈判。

王东在当地拥有一家市值上亿的大公司和后来建起大厦的一

块空地间的大楼。

王东的这块地产因为其临街并拥有可提高大厦高度的闲置空间的使用权而变得对李沐十分重要。通过对王东背景的仔细了解，李沐发现王东是一个老练的开发商，倔强而精明的谈判者，喜欢战略性地、完整地长期转让所有权。

李沐的确需要一个长期不变的租期合同，但是他明白，一旦坦诚这一点，将会使谈判无法挽回地变得拖沓、困难，最后得到一个充满问题的结果。所以，李沐需要一个契机使王东主动给予他长期合同。

在购进王东闲置空间使用权的谈判中，李沐了解到还有一个名叫刘嘉军的人拥有以市场平均价购进王东地产的特权。作为空间使用权购买的一部分，李沐成功说服刘嘉军将这一特权转让给了他。

在获得这一特权之后，李沐告诉王东，他将在购进王东地产的时候行使这一特权，并询问王东的报价。

双方在确定市场平均价具体值的问题上产生了不同意见和激烈的争执。甚至几乎激化到诉讼的地步。于是王东邀请李沐在私人会所共进午餐，希望能够达成交易。

李沐确信王东将给予他长期合同，这正是他真正想要的，于是他叫上对复杂的商业合同十分熟悉的老朋友共同出席。

在经过友好而短暂的口头争论之后，正如李沐预言的那样，王东在给予长期土地租让上作出了让步。

李沐说他需要完整的出让，因为他需要使用闲置的空间。王东回应道，只要租金合理，他可以将闲置空间包括在地产合同之内。

李沐对此很是不解，他询问道："为什么你为了能达成长期合同而宁愿放弃数百万可流动资金呢？"

王东回答，"与其留下大笔流动资金存在银行，还不如为子孙留下一笔可以提供长期可靠的经济来源的资产。"

李沐因为王东的诚实而尊敬他，并立即抓住机会将这位潜在的对手变成了完全信任的朋友。

李沐说道："王东，虽然那不是我内心真正想要的，但是如果你需要，并且能使你快乐，那么我就愿意照你说的那样办。"

他们很快在租金和其他关键性问题上达成共识。

在离开前，李沐当着王东的面对他的老朋友说："请你和王东完成最后的细节问题，我希望你在保证大厦成功建成的基础上，在所有方面保障王东的利益。"

李沐在与王东握手告别的过程中所表现出的行为和风度创造了一种互信的环境，这使他的老朋友可以继续完善和加以利用它，以避免在起草重要的法律文件的过程中通常会遇到的不必要的争吵。

进展出乎意料，在两周的时间里，合同草拟，谈判，最终签署。

李沐和王东双方最终都在这桩生意上取得了想要的东西，但李沐显然获得了更多。

作为这场友善的谈判的直接结果,李沐和王东建立起了深厚的友谊。

这个故事的寓意就是"有时候,直接谋求,并非达到目标的最好途径"。

正如这个故事所展示的那样,好的谈判,是对可能性范围的持续探索。

在大多数情况下,你的成功将取决于你的逆向思维能力,谈判高手正是这方面的高手。逆向思维往往是在你认识到你的草案太过分而对方无法接受的时候产生作用,你会站在对方的角度去考虑,然后将草案修改得更合对方口味一些。

在双方达成都能接受的最终结果的过程中,你不得不常常做出选择取舍。你投入水中的诱饵越多,你钓到的鱼就越多。

再举一个例子,假设你觉得自己需要一台低端的笔记本电脑。但是经销商会告诉你:"我这儿有一款只需一千二百块钱的低端电脑,但是它并不是你所需要的。"

为什么不是?他这是在帮助你做一个更好的决定呢,还是诱使你花更多的钱或是购买利润更高的一款电脑呢?这位电脑经销商,和每个谈判者一样,总是要推销某件事物。

"50M 主频,4 速内置 CD 光驱的配置怎么样?"

你只知道你需要一台电脑,但是你对细节却并不了解,你甚至连"主频"和"视频"都分不清楚。所以你必须通过谈判获取真实的信息,而不能被经销商的瞎扯给蒙蔽了。

在他看来,也许只有更贵的型号才能满足你的需求。所以,在你购买前,一个深入的探究是必要的。创新、怀疑、收集信息,善于在多种解决方案中做出取舍,这都是在成为一名优秀的谈判者的过程中,你需要熟练掌握的关键元素。

对谈判的认识误区

要懂得谈判,你需要明白三件事。首先,谈判并非一门科学。其次,在谈判中取胜并非一切。最后,谈判并非连贯的整体——参与其中的各方,他们的动机、目标,是完全不一样又相互制约的,并且会在谈判过程中的任何时刻发生变化。

谈判并非一门科学,满足感才是谈判的关键要素。

一方面,每个人都想从谈判的最终成果中获得满足感。要想在谈判中取得成功,你必须说服并引导对方与你分享这种满足感——你却不能将其强加于他们。

不过,满足感是一种纯粹的主观感受,它直接与人们的个性相联系。因此你在谈判中达成或获取的东西,很少是完全切实有形的,或者可以被证明甚至被有效衡量的。

科学,从另一方面讲,是精确的。你知道你已经获取了什么,而且它能以有形的形式被量化。一场谈判无法达到这一标准。

所以,如果有人问你:"在那场谈判中你赢了还是输了?"你将无法给出一个确定的答案。你可能在某些方面获胜而在另一些方面失败,而获胜和失败的概念实在是太过精确和狭窄,以至于用它们无法表述现实生活中谈判的最终结果。在谈判中不存在绝对错误或正确的答案。

有时候,一个阶段的谈判会以完全不同于你预想和需要的结果来结束,但是,你发现满足感和内心的平和比你付出的价钱更重要。轻松和满足的感觉或许比拿到一个更好的报价对你更有意义。你真正的目的将是满足感,而不是最好的报价或拿到所有你要求的东西。这就是人性的多样性与复杂性,仅仅依靠在价钱和执行上达成共识是不能满足它的。

在谈判中,取胜并非一切谈判所包含的内容远远不止是单纯的取胜或失败。在谈判开始你就带着一个详细而精确的目标,在谈判结束的时候,要不就完全达成这个目标,要不就彻底失败,建立在这样的想法上的谈判只是一种不切实际的二元途径。

这种谈判必定有胜者和败者的观点是目光短浅,是注定要失败的。

在一场真正成功的谈判中,你必须与对方建立起互信和友好的关系,这将贯穿谈判全过程,并且是最后成果的重要部分。

如果你信任一名管道疏通工人,信任他对你家漏水问题的估计和处理方案,你会很高兴每次都雇他并付给他满意的价格。

如果你对他没有信任感,你则会很快另找一位。这同样适用于汽车经销商、财务计划师、房地产专家或者其他任何你打算与之建立关系的谈判方。

谈判并非连贯的整体,大多数谈判是由一系列相对独立的次级谈判组成的,它们大小不一,形式各异,很少有某一个单独的讨论或会谈具备清晰的开头和结尾。

所以,常常会发生这样的事情,谈判的情况和形势一直在变,人们的立场随着新情况的介入也一直在变,你无法总能保证昨天说的话到今天仍然准确。

例如,你有一辆汽车出售,而有人则想买它。

他想你们可以做笔交易,于是他计划明天和你谈谈,但是这期间情况发生了变化。

你接到了一位出价更高的买主的电话,于是出现了第三方也要购买该车,并且你们的谈判中断了一天,所以这场谈判失去了连续性。

你接到的这个电话是新情况介入并影响了你们的谈判,所以你的立场也不一样了,这一切都发生在谈判的进程当中,而且你能够使它们为你所用,在后面探讨加快或放缓谈判的速度的章节里你会看到详细的介绍。

促成谈判成功的 7 个目标

虽然你无法确定最后结果,但是在谈判开始前确定目标仍然是必要的。所以,这 7 个目标将在此帮助读者成为一位准备更加充分的谈判者。

目标一：你要从谈判中获利。

获利在此的定义并不一定是财政上的，从一场谈判中获利通常包括发现一些起初你并没考虑到的好处。带着一种开放性思维是十分有用的。如果你对预料之外的结果做好了预见性的准备，而不是仅仅狭隘地专注于单一的预定目标，你就会从中学到更多。

目标二：你要尽可能多的了解对方。

任何人都多少有参与谈判的经历和故事，这些故事是你很少能预想出来的。如果你能获取别人的故事，你就可以直接或间接的获取到一些有价值的信息，在接下来的谈判中也许会用得着。在了解对方的基础上，调整目标使其切合对方的需要，将有助于建立信任和友好的关系，这是任何一场谈判中的关键元素。

目标三：你要找出各方的底线。

在对方看来至少要达到什么条件，如果达不到就只能作罢，你能给出的最大代价是多少，如果不能给出就一拍两散。所有介于这两个极端之间的条件都是可以谈判的，谈判高手把它叫作不确定区域。如果你想在谈判中掌握主动，找出对方的底线并建立不确定区域是必不可少的，当你试图弄清不确定区域的范围时，你必须想到对方也同样在这样做。

在别人告诉你他的底线的时候他一般都不会说实话。况且，有些人并不真正知道自己的底线，而那些自称知道的也并不总是正确。所以，找出对方的底线要靠你自己与之谈论并观察对方，而不是仅仅听信对方的说法。

目标四：你要了解这笔生意的限制因素。

有些人必须在某一特定时间限制内完成项目，例如，年终。也许他并没有主控权，但是他能影响其他人，这些限制因素将支配对方如何与你谈判。

目标五：你要研究对手。

要有效地谈判，你就需要获得必要的信息。你可以直接通过与对方探讨交流获得，你需要尽可能多地了解对方的个性、专业知识、学历以及谈判技巧。研究并总结这所有的信息（尽可能多的）将帮助你找到与他做生意的最好方法。如果对方喜欢说粗话或者讲些粗俗笑话，你可以通过亲切的回答增进关系。如果对方十分严肃，公事公办，缺乏幽默，那么你采用同样严肃的态度会更好。你需要调查清楚对手的名声是诚实可靠还是惯于使诈，对手会信守承诺还是试图含糊其辞？这些都是在与对手周旋时必须掌握的信息。

目标六：你要评估我方成员。

我方，这里指的是支持或协同你参与生意的任何人。这包括所有你对之负责的人，如法律顾问、投资人，或者如果是私人谈判，则可以是你的配偶、父母等。任何曾想过买房的人都会很容易体会这一点。你爱人可能会特别喜欢某套房子的某个别致的格局，而你则觉得房价太贵。那么你将如何解决你们的不同看法呢？你必须找到一个弥补差距的桥梁以达成双方均接受的妥协。当你向谈判对方表达立场的时候，你需要明白表面态度和现实的不同。你的表面态度，也就是你在谈判中露出的那张脸，其实没有必要成为和现实一模一样的倒影。

例如，你和爱人在是否买那套房的问题上并不一致，你爱人可能想买，但是你觉得价格过高。所以你也许会跟房地产经纪人说："这厨房需要大面积重新装修，这就是为什么我的出价要比你的报价略低的原因。"

这就是表面态度的一个例子。你不必告诉房地产经纪人说："我老婆喜欢这房子并愿意接受你的报价，但我却觉得价钱太高了。"即便这是事实，但它暴露了你在谈判中的立场的弱点。

目标七：你要找出什么是公平与合理。

在任何谈判的任何阶段，每个人都自称："我只是要找出什么是公平合理的。"不幸的是，在解决特定事务的时候，各方对"公平合理"都有自己不同的见解。所以弄清对方对公平合理的不同定义是必要的。

小结

世界上最优秀的谈判家就是那些两岁的儿童。一旦他们没能得到他们想要的东西，他们就会躺在地板上哭闹不止，直到得到想要的东西。在他们获胜之前他们绝不会停止。父母会恳求、乞求并给予他们想要的任何东西以期他们能停下来，于是孩子赢得了谈判并且知道了发脾气十分有用。如果父母能够狠得下心，随孩子哭闹而不去管他。那么父母是在采用另一种谈判策略。孩子会因此明白发脾气是不管用的。于是他们会改变策略，比如向父母伸出双手说："妈妈我爱你。"在两种情况下，双方都能从谈判中学到东西，这将有助于提高他们将来的谈判水平。只要你用心观察，你就能从每一场你所参与的谈判中学到一些东西，它们将有助于你谈判技巧的提高。

第二章

完美开局，建立信任的基础

有些人认为，谈判只不过是将你的所有要求列个表，然后说服对方接受它，签收支票，然后早点了事回家。

其实不是这样的，如果这样的事发生在你身上，那就意味着你做了一桩比较差的买卖。

高质量谈判需要花费较多的时间，谈判需要你与对方间的交流、共鸣，并且建立真正符合双方各自需求的共同利益。高质量的谈判从来不是通过单向的交流达成的。

通常，与他人建立良好关系的能力比你的经济地位，以及其他似乎重要的因素更加关键。谈判高手王刚始终具备这样的能力。

例如，当他决定要在某市开一家高品质网咖时，他在这之前其实还没有任何这方面的经验，他面临的是巨大的风险。

那么为什么王刚认为自己能够成功经营这么一家高品质的网咖呢？他如何达到这个地方网咖行业的标准呢？

乍看起来，开这样一家高品质的网咖对于王刚来说毫无意义。但是，你要明白，在生意场上有这样一条指导性原则：问题的关键不在于一桩生意的独特性，而是在于你的背景、名声和以前的生意记录。

相反的，王刚对于经营高品质网咖的经验的缺乏反而成为一项优势。因为网咖行业的历史并不光彩，从前它叫作网吧，是未成年儿童的扎堆地，是中国家长们痛恨到骨子里的地方。

但随着时代的发展，网吧渐渐被网咖取代……

从前那个乌烟瘴气，不需要身份证便能开临时卡的网吧已经被时代所淘汰，随着高品质网咖的诞生，网吧不再只是扎堆打游戏的地方，它成了一个聚会、享受、放松的半高档娱乐场所。

网咖的取代，让网吧逐渐沉沦，未成年儿童再不可能如十多年前一样在网吧里通宵打游戏，沉迷而不可自拔。

网咖的崛起，是新时代的象征，而王刚看得更远的一点，则是电竞行业的盛行，给了网咖一个更美好的未来。

在谈判中，如果你能预先使对方确认你的资格，你就会掌握更大的主动。你首先要使决策者确信你有能力达到目标。给出足以证实你各种说法的证据。

市场管理部门要求的一切材料、信息都被预先充分而细心地备妥，这一习惯更加强了王刚守信的美誉。

就像王刚常说的一句话：从你言行一致开始，他人对你的信任便随之建立起来了。

谈判双方的共同目标

下面，将为大家介绍作为谈判高手所应该遵循的 8 条行为准则。

你可以耍花招、行为卑鄙、胁迫对方，而且有时候这样做甚至能做成意想不到的好生意。

但是，巧取豪夺，名誉扫地，众叛亲离，你会想要那样的生活吗？背后捣鬼将使你失去的利益比眼前获得的利益多得多。

一切谈判成功的关键都建立在信任、友善以及满足感3个要素之上。

信任是所有真诚的交易中人与人之间的必要元素。根本不要考虑和你不信任的人做生意，因为你很难在一个小偷面前保住自己的财产，你只能寄希望于那令人烦恼又花费巨大的法律诉讼。

人生短暂，不值得在这样的纠纷上浪费时间，即使那生意本身看起来再怎么诱人，都不值得。一个互相信任的环境将使双方获益。在这样的环境下做生意不存在怀疑与猜忌。它确保了谈判的顺利进行，而双方不用互相胡乱猜疑。

信任并不意味着对对方要求的简单认同与满足。除了不道德或者非法的手段外，在谈判中你可以运用一切你想用的方法去获得最大利益。谈判就像是一场艰苦的游戏；你需要付诸努力，并且取胜。

真正合适的态度是在谈判时的得心应手，而不是固守底线。在互相信任的框架下，任何事情都能完成，但不是取决于你说什么，而是取决于你最后答应了人家什么。

如果不知道如何建构互信气氛，就永远不可能成为真正成功的谈判家。另一个要素：友善。

也许一开始你会觉得似乎不切题。而他之所以将其纳入进来是因为他的经验反复证明，如果没有一定程度的友善、亲和感存在，人们很难成功地进行谈判。这并不意味着你必须邀请对方共享周末烧烤或是一同玩帆船，当然如果你觉得这样做有助于谈判的话那样干也是不错的选择。

当然，你要学会尊重每一位你遇到的人，无论他们在生活中处在什么地位，你最终总能得到回报却不会损失什么。

作为信任的"自然分支"，友善的氛围是成功所不可或缺的。它通常使整个谈判过程更好地进行，并有助于将对手转换成友好的盟友。有了它做支撑，你才能够要求对方与自己协作，达成一桩共同获益的生意，当然了，你也可以不用建立友善的气氛仍能完成生意，但那样过程就会变得沉闷和困难得多。

友善的关系意味着信任的存在。就像你不可能和一些你不信任的人做成满意的生意一样，如果双方不协调，达成共同满意的结果同样是不可能的。

"友善"在商业往来的过程中意味着互相尊重，诚恳的互相欣赏以及在推动进程中愿意调整让步，直到双方在各个环节能达成都满意的结果。

这就引出了第三个要素，满足感。

相当多的人都有这样一个错误的观念，他们带着一个简单又无情的目的进行谈判，这个目标就是：赢。

如果那就是你所想的，那你就大错特错了。正确的目标应该是使双方都能获得某些东西，使他们从中得到满足感，并且乐意将来再次合作。如果在谈判结束时，你使对方觉得自己被出卖、侮辱或者被卑鄙地利用了，那么你真正得到的，是树立了一个敌人，而他很可能再回过头来伤害你。

某些人认为彻底的满意就是使自己赢得一切而对方失去所有，这种观念造成的唯一结果就是让你总觉得你本来应该可以从每次谈判中要求更多，取得更多。

所以你会对每次的结果都不满意。作为定义，谈判就是妥协，有得亦有失，以构建双方都能接受的生意。

如果一味地寻求如何压榨对方，那么他就不是谈判者，而是一个只知道运用暴力将自己的欲望强加于人的流氓。

最终，只会是搬起石头砸自己的脚，因为恶劣的名声会永远困扰他。

不管在谈判中你所处的有利地位有多大的优势，只要你有行事端正的好名声，人们都会更愿意跟你谈判。那种好名声来自于使对方获得在相应的环境下他们能获得的最大的满足感。

这3种要素：信任、友善以及满足感，是如此重要，以至于许多谈判高手常常把它们作为谈判的既定目标。

的确，在谈判中有些方面是谈判高手必须达到的，有些方面是他们想要达到的。但是，要想使谈判成功，就必须建立在这3点要素的基础之上，否则一切努力都是白费。

赢得对方的信任

信任、友善以及满足感是谈判高手式谈判的蓝图式的目标,那么这个目标应该如何去完成呢?以下便是途径。

1. 寻找双方的共同点。
2. 建立一种互相信任,彼此友爱的关系。
3. 在生意中做一个谦虚、礼貌和正派的人。
4. 寻找合适的交流层面与交流方式。
5. 了解对方以及对方的需求。
6. 巩固信任感。
7. 学会掌握谈判的弹性。
8. 树立生意"制造"者,而非生意破坏者的形象。

第一条,最好的开始——通常如此——就是寻找双方的共同点。无论那共同点是什么,无论有多小,你需要找到它,因为它是进一步发展的基础。这不仅仅是去发现你们都喜欢打高尔夫、钓鱼,或是子女有相同的年纪,又或者有相同的政治见解,对同一个笑话感兴趣。

而实际上光是在你与别人的交谈中,你就会发现可以找到无限的对应信息。如果你在谈判中抛弃这些首要的基础工作而直接匆忙进入讨价还价的争论中去,那么你将会有一个很不愉快的经历,而且多半会得到一个并不满意的结果。

当谈判高手要向对方提问或是想引起交谈时,总是会做得像是开个善意的玩笑或者一个简短的闲聊。但他会从中寻找建立关系的基础点。

当你恭维照片上对方的孩子时,你可能会发现那些孩子是他们生活的中心。或者你会发现子女是他们的痛苦,给他们带来许多烦恼。这些信息在以后的许多不同层面会带来帮助,因为它们丰富了你对对方所关心的事物的知识。

仅仅只是通过表面上的这些物品,就能获取大量有关他的信息,但这些信息,好像又并不是那么准确或是有用。

因为只有在对别人内在的信息有了相当的了解之后,你才能够更容易在一些对方认为重要的事情上表现出关心。一个寻找共同点的非常好的途径便是和对方的朋友或是那些与之做过生意的人交谈。

当然,通常在网上也能搜索到有用的信息,总之,从一切可用的途径去获取背景信息,这是关键。

第二条,你要通过交谈与倾听来建立一种互相信任、彼此友爱的关系。

一旦你和对方建立起了这种关系,你往往就能从对方那儿获得更加直接的答复。这种感觉的发展取决于你自己的诚意,你对他人关心的真诚表达,这与你的谈判没有什么特别的联系,但如果你希望谈判顺利进行,你就需要从良好的关系开始。现在,你不仅是一个了解他人的谈判者,而且你可以推销自己,告诉别人你能比其他人做得更好,生意将一帆风顺,你的言行值得信赖。

第三条,在生意中做一个谦虚、礼貌和正派的人。

你需要成为一个看上去没有心机的人。和这样的人共事,对任何人来说都是最轻松愉快的,而你更要让对方感到以后与你继续合作也是同样的简单。好斗、雄辩而又无礼将耗费更多的精力与努力,这样只会令人疲惫不堪。基本的情况是,谦虚、礼貌和正派的人是更好的谈判者,他们更容易取得满意的结果。

第四条,寻找合适的交流层面与交流方式。

用唯一的一种谈判方式去应对各种情况显然是不明智的。今天也许你要和一个乐于社交的人谈判,他喜欢在酒吧里一边讲着低俗笑话一边品尝鸡尾酒。明天也许你又要会见一位工作狂,完全没有幽默感,滴酒不沾。显然,如果你用对待今天这位的方式同样去对待明天那位,那这样的谈判肯定是行不通的。虽然你不需要虚与委蛇,但你的交流方式应该适应特定的环境与特定的人。

第五条,了解对方以及对方的需求。

你需要记住,建立信任、友谊和满足感必定取决于你对对方情况的深入掌握。有的人需要他人的承认与尊重,而有的人喜欢控制与主导的感觉。在谈判中你的首要目标之一是弄清楚对方想从谈判中获取什么。而更重要的是,你如何利用其需求。

你要学会让对方感到自己正在赢得谈判的胜利。获取对方信任、发展友情并使对方感到满意的最好途径,就是做出许多小让步。让对方在所有无关痛痒的问题上获胜。

在任何一场谈判中,你都有一些想要赢取的目标,但你要清楚的知道,这其中一部分是主要的,一部分是次要的。在经过努力争取而无效的情况下,你可以放弃那些次要的目标。这种放弃会给你带来两个好处,首先,你满足了对方人类天性中的获胜欲望,其次,你能将更多的精力投入下一步的谈判中,在别的方面上获胜。

在初期做一些小让步,将使你在后期达到更高的目标。

第六条。巩固信任感。

在初期建立信任是比较容易的,只要你真诚友好地去接近对方。可是当你们一旦开始正式的商业谈判,涉及到了讨价还价的细节,你就需要不断地加强那种信任感,防止它淡化甚至消失。

建立诚实守信的名声需要靠你小心翼翼地信守每一个承诺,保持真诚友好,并且总是记得照顾对方的满足感。信任感是容易建立的,但要巩固它,就需要做到以上的要点。

关于信任,有两件事是所有谈判者都需要知道的。第一,在缺乏信任的情况下,谈判会存在严重的"折扣效应"。你无法知道这种效应的影响有多大,因为它没有上限。我们无法准确衡量它对结果造成的影响。

如果对方不信任你,他们会总是认为你的要价太高,他们会不愿意在任何问题上让步或者做出哪怕一丁点改变。在任何谈判中,当对方对你说:"请你在这点上相信我。"那么此时此刻,你必须立即在自己的大脑里拉响警报。

因为,如果他是值得信赖的,他的行动会证实这一点,而如果是他自己说出来,那实际上很可能是他在试图降低你的警觉以便他可以采用一些不光彩的手段。

一旦"折扣效应"生效,一切事物的可信性都将受到影响,双方无法再直率地谈判,"折扣效应"将所有讨论都染上了颜色。

第二,人们总是乐意为内心的轻松平静付出一些"额外费用"。如果你能获取对方的信任,你将比其他竞争对手具备明显的优势,因为他们不得不承担不被信任带来的"折扣效应"。

用不同的谈判风格应对不同的谈判环境

八条行为准则和三大目标并不意味着你要用同一种方法去应对所有的谈判。俗话说:"兵来将挡,水来土掩。"要学会顺势而变,像变色龙一样改变自己的外表,以成功融入谈判环境。

如果对方向你叫嚣,那么你可以叫嚣以报之;如果讨论气氛平静而克制,你也要平静而克制。变色龙最有效的武器就是他的善变,当然也不完全是这样,你要学会在一种方法无效时立即改用另一种来应对。当别人平静时提高你的音量,当别人咆哮时保持你声音平静同样能获取你所需要的关注。

这跟弹性又有所区别。

成为变色龙则是指在特定环境运用特定方法,变色龙通常会融入它所在的环境。优秀的谈判者能够使自己与身处的环境、氛围以及人物相协调，同时又能随时应自己的需要而改变策略。

作为一个"变色龙"，时刻准备在任何必要的时候行事毫不留情，但也能迅速调整风格以引导谈判走上达成自己想要的目标的正轨。所以说，掌握这一点是每一位优秀的谈判者所必需的。

那么，要如何把握个人风格的变化呢？一般来说，从谈判过程中收集的关于对方的各种琐碎信息，能够帮助你找到最合适的策略。

例如，你可以通过对方凌乱不堪的办公桌估计到他是一个缺乏组织能力的人。那么使他相信你会解决好所有琐碎的事务，接下他的担子，将是一个非常有效的策略。

但是，如果你以此开始却遭到了他的拒绝，你就必须立即改变策略。记住你是一个"变色龙"。所以你应该说："是这样的，我很乐意使您看到所有的细节问题都处理得很好，因为这样也有利于简化我的工作。"

一旦你建立起信任与友善感（其实两者往往是同时建立的），那么谈判的下一步就是开始找出对方想要达到的各个目标以及确定出对方的强项与弱点。在这个过程中，你总会发现能使你取得优势的重要信息。

第三章

知己知彼，
看穿对方底牌

谈判的时候，往往需要从一开始就尝试寻找对方的动机。或许他们对谈判很乐观，认为取得圆满的结局是理所当然的；但或许也会有人对谈判很悲观，担心会有人在背后捣鬼，导致生意失败。如果是这样，就必须通过增进了解，将对方争取过来，只有这样他才会相信谈判能有一个很好的结果。

讲一个小故事也是一个打破谈判坚冰的好方法，因为它带来的轻松氛围正是长时间谈判所需要的。用一些无伤大雅的幽默作为谈判的开始通常是一个很好的途径——与对方建立良好关系，并使讨论进行得更加人性化。

在旧式的谈判中，谈判双方将自己确定在各自特殊的位置上，并以此为出发点，力图从对方那里谋求尽可能多的利益。这远不如许多谈判高手现在的谈判方式。

透过表象看本质

作为一位聪明的谈判者，你应该核实所有事物。在谈判的各个阶段，你不得不对对方的情况加以多种假设与推究，但在你确定它们准确无误之前绝对不要相信它们。

你必须不断地检验你的每一个假设，以找出其正误与否的范围。你获得的有些信息并非如其表面所显示的那样，实际上它们可能半真半假。诀窍就是，从一开始就把对对方的所有假设与估计都统统当作错误的，然后再慢慢去惊喜地发现其中某些信息是正确的。

这意味着你不能相信任何人吗？当然不是！

你要在谈判与讨论的过程中建立互信并且评估各方面的真实性，但永远不要先入为主地相信表面现象。

例如，谈判高手邓质要进行一场房地产谈判，他的初步假设是对方想要以符合他们预想的价格卖给他房产，而他正是合适的买主。但他却需要进一步核实我的这一基本假设。

所以以下的这些提问是很必要的：您拥有其房产权多久了？为什么您现在想出售？是什么促使您给出这一报价呢？谁是土地产权所有人？该房产有哪些抵押，债权归谁所有？这些问题的答案以及对方回答的方式都将影响到他的谈判策略。

我们可以用一个例子来说明如何核实我们在谈判中对对方的估计与假设。

让我们假设有一处房产定价300万元人民币出售。许多人会因为其"定价"的标注而认为这就是最后必须给付的价格。但邓质的经验告诉他，标定的价格往往只不过是卖家试探市场的手段。

邓质曾经在某公司做地产顾问时，一位同事告诉他，他看上了一处"定价"两百万元人民币的公寓，他问邓质最少能花多少钱将它买下来。

邓质则反问他，"你想花多少？"

同事的回答是，"大概一百六十万，最多别超过一百八十万。"

但是邓质接下来的回答却是令他吓了一跳，邓质说："我认为最多只需要花一百二十万。"

同事惊得瞠目结舌,"这价钱也太低了些吧。"

邓质给出的解释是:"最坏的情况是他们可能直接拒绝和你谈价,但是他们也可能会和你谈判并尝试达成一个双方都能接受的价钱。试一试,看会怎么样。"

同事最终接受了邓质的建议并以一百四十万成交,这比他预计的要低出四十万,而比所谓的两百万"定价"低出了六十万。

学会判断他人透露的信息

就好像人们过往常说的那句话,"在这个世界上,哪怕是我们亲眼所见的东西,都不一定就是真实存在的,大多数时候,你都应该相信自己的心。"所以任何建立在你听到的、看到的、推测出的以及被告知的基础上的假设,都可能是完全错误的。

有一年,邓质和一位地位显赫的著名房地产商的谈判。

当邓质被引进到他宏伟的办公室时,那位房地产商正躺在沙发上,头上还戴着一顶鸭舌帽。

房地产商甚至都没有站起来跟邓质打招呼,他说的第一句话就是:"相信我,我做生意一向行事端正。"

但这位房地产商话音刚落邓质就能够确信他在撒谎,因为对邓质而言,一个人不需要告诉他自己会不会行事端正,他应该通过在谈判过程中的行动来说服他。

焦虑情绪影响双方合作

如果某人一直担心生意会出问题,他会在谈判中变得胆怯和犹豫。他的忧虑情绪会在谈判过程中显示出来,使他变得意志薄弱并且急于完成交易。这使他陷入不利地位,任何一方的忧虑情绪和迫切愿望都会影响整个谈判。

例如,假设你从谈判一开始,就一直担心不能在你的老板规定的一周之内按时完成谈判任务。那么你已经因此处在不利形势了,你会在巨大的压力下工作。

如果在一周内谈判没有什么进展,你就不得不向你的老板做出一个交代,而他很可能会对你的表现非常不满意,这样的强制期限制约了你能力的发挥。

有一个解决办法就是,问问你的老板为什么必须要如此急于在一周之内完成。如果他坚持这一期限,那么告诉他,你会用尽全力,但是如果能宽限一段时间的话,可能会取得更好的谈判结果。

也许你能说服他,使他相信适当放慢谈判节奏能够取得更大的利益。要懂得忧虑情绪和迫切愿望将影响每个人的行为,要想办法避免。

对方获取的信息可能并不全面

现在，让我们来看看对方对我们的估计与假设。

在谈判的过程中，你不断地调整对对方的估计与假设，而且你知道他们也同样这样做，那么他们又会怎样理解与估计你的谈判目标呢？

对方也许完全不知道任何事，但他们会在他们自己的一系列假设的基础之上行事。现在假设你正急于在月底前卖掉一处房产，你绝不希望他们清楚这一点，因为那样会削弱你的谈判实力。

如果你错误地认为他们已经对这一点了如指掌了，那么你就会因此在谈判中真的被他们套出这一决定你谈判策略的情报。决不要主动透露任何对自己不利的信息，即使是在那样艰难的情况下，你仍能提供大量不至于透露你的弱点的信息。

你可以表现得很友好，同时又显得很有力，你甚至可以开诚布公但同时严格控制对方对你的了解程度。

这样的例子就曾发生在谈判高手马毅和一家濒临破产的公司之间。这家濒临破产的公司有一个娱乐城，而马毅则想将其收购，对方显得很不安，因为他们拿不准马毅有没有足够实力接受他们在财务上的各种要求。

在并不否认该娱乐城可能倒闭的同时，马毅解释道，他只愿意收购不超过所有股份的 3%。

他提出有必要削减该公司公开发行的价值 10 亿元人民币的 17.5% 的股份,对过剩股权的分红削弱了该公司。同时,他采取的强硬姿态对解决问题产生了必要的作用。如果对方完成好他们的"家庭作业",那么他们对马毅的真实财政状况或多或少会有些了解。但是,事实上他们没有对马毅进行深入调查。

在之后的谈判中他们同意了马毅的策略。

当你核实你的假设估计和调整对对方的认识理解时,一定要记住,这是一条双行线,他们也在做同样的事情,用他们自己的方式。

有时就像在这个例子中那样,有必要去了解他们所用的"方式"。

警惕粉饰后的陷阱

隐藏在合理合法外衣下的陷阱远不是存在于谈判中的最严重的隐患。但当你把其他隐患归类为"道路上的坑洞"时,你就会把隐藏在合理合法外衣下的陷阱归为"路途上的深渊"。

不仅仅是庸医、骗子也常常会利用它,就连那些著名的百货公司、商人、律师也都这样干。随处可见的"限量版""破产大甩卖""最后大减价""5 折批发价""最后两天"只是大量实例中的很小一部分。

可能你想知道为什么会把"律师"也归人其中,因为我们必须承认,在商业实践中也会运用这类"陷阱"。

比如,有一所房子在广告上标价40万元人民币。因为白纸黑字印着价格,这里就存在一个"粉饰的陷阱",人们通常都认为最终卖价应该与之差不了多少了。

但事实上,这个标价与卖方的真实底价只有很小甚至根本就没有关系,"陷阱"随处适用,一家知名报社登文指出房地产价格下滑,并且引用了一位著名记者的调查报告作为该结论的基础。

读者会因为该报纸的名气而毫不怀疑地相信这篇文章的真实性,即使是在对做出该判断的细节一无所知时,他们也会相信它,而实际上也许它是一个因调查不充分而得出的错误结论。

在看清了这种"粉饰的陷阱"的本质后,你就可以做到两件事。

首先,你能够识破别人对你使用的这类伎俩;其次,你会发现它是适用于任何谈判的有效工具。

例如,当你准备在谈判中运用你所掌握的资料信息时,其实你已经拥有了巨大的力量。你的开始方式将决定接下来的讨论的出发点,你知道你给出的和保留的所有信息,而对方却只能看到你给出的部分,他们必须靠自己去弄清你保留的部分,而往往处理你自己所不清楚的问题是很难的。

如果你希望自己成为一位老到的谈判高手,你就必须提高这两方面的技巧，这种"粉饰的陷阱"运用恰当将会帮助你掌握主动，反之，如果不能警惕并及时辨别它，则会给你带来极大的危害。

鉴于其如此重要，此书在后面会再次提到它。

确定谈判中的关键人物

要想有效地谈判，你必须确定谈判中的关键人物，以及他们的角色定位与动机需求。

你需要掌握这一信息来避免闭门造车，真正的决策者是否在谈判室内？你是否有和他们谈过？这都是在每一场谈判前必须弄清的关键性问题。

有些谈判是由一些我称之为"信使"或是"马前卒"的人物来执行的，他们的角色和权力都非常有限。

一旦你发现这一点，只要仅仅把他们当作替你给他们后台老板传信的工具就行了，根本不要和他们深入地谈判，因为他们没有做出最终决定的权力。

也正因为这个原因，你一定要坚持要求直接与主要决策者谈判。有时候，关键人物可能就坐在谈判室内，但他（或者他们）会一言不发静观其变。

应该去弄清楚他们到底是谁，又怀着什么目的，如果对方的首席会计师或者法律总顾问出席了谈判，他们可能不会直接参与进来，但是最后的决定却需要他们来拍板。

当你进行一场较大规模的谈判时，可能双方都有很多人员参与其中——律师、会计师、专家、顾问等等，你需要对所有人员的情况了如指掌。

在第一次会面时，你就要把了解对方人员姓名、职务作为一项目标，接下来，在你获取更多信息以后，就要观察并记录对方的个人生活与职业经历的情况。

你可以对他们将要在谈判中采取的措施做出猜测，随着谈判的进行，每一次你对你的最初假设进行的订正和补充都会使你了解到更多，你所收集到的信息将被运用到下一步的谈判策略中。

了解对方每个人各自的目的与设想是非常重要的，要把对方想成只有一种观点与看法的整体。谈判中的每个人都从各自不同的角度看问题，这取决于他们各自在大背景下的不同角色。

如果你是和一位房地产经纪人打交道，你就要记住他担负着卖出房产的委托，他既不真正关心卖家获得最大收益，也不关心买家是否如愿拿到了最低价。他们对合同条款并不真正感兴趣，他们只要生意做成而已。

因此，他一方面会尽力抑制、拒绝买方提出的任何卖方很可能拒绝的要求；另一方面，他又会尽力劝说卖方接受买方提出的要求。

如果在这场"乒乓球大战"之后，你和经纪人的谈判进入了僵局，你就有必要绕过他直接和卖家面对面地谈判。有时候最终协议就是这样达成的。

这只是一个小例子，但这个概念适用于所有谈判。你对对方人员了解得越多，你就越能够在谈判中取得优势。

发掘隐藏的弱点与信息

如果你是一个善于观察的人，你会捕捉到许多关于对方的微妙信息，甚至是一些隐藏的弱点。例如，一位精明的电视销售人员可能会问你一个貌似单纯的问题："你最快什么时候要货？"你告诉他，你打算和所有的朋友一起在这台新电视前看这个赛季的篮球赛。

这时，你无意间就已经向对方透露了你的弱点。销售可以利用这一小小的信息影响你，说得更严重些，你只能任由他摆布了。这意味着，他会让你花更多不必要的钱，或者买一台样品机又或者其他利润更高的型号。

关键在于，你把自以为无关紧要的信息透露出来，而它对于对方来说却十分有用。

其实你可以采取的一种应对策略是反问他："你这儿有没有最新的高清彩电的现货？"

这样，就把球踢给了他那一方。他可能会说："你想出什么价？"

你可以回答:"当然是越低越好。"

谈判这样进行下去,但你一直都没有摊牌,这才是谈判的较好的方法,把报价、定时等担子丢给对方。

如果你细心观察,你就会发现人们在无意中透露出的信息,对方匆匆的一瞥、瞬间的紧张不安、声调的变化以及转向同伴征询意见,这所有的细节都给你提供了有价值的信息。

谈判中的肢体语言可以提供远比你所预想的要多得多的信息。

有一位喜欢控制会谈时间的谈判高手,当他想要结束会谈时,他会取下手表并把它放到自己与对手之间的桌面上。他通过这种无声的方式清晰地表达了一个意思:我们是时候该结束这场会谈了。

通常人们会无意间在给对方的书面信息、邮件或者电话中透露出一些弱点。如果你能认真细致地阅读和倾听,你就可以不费吹灰之力地获取许多信息。

如果你试图勾画出对方的弱点概况,间接的提问通常会很有助益,让我们先假设你在进行最后价格的谈判中进入了僵局。你可以提一系列"如何"的问题:

"我付现金如何?"

"我把配件购买量从 2 个提高到 5 个如何?"

你也可以通过时间方面的问题来套取信息:

"在 6 个月内完成最后的细节讨论如何?"

"我先付 50% 的款项,余下部分明年付清如何?"

对方对这些问题的答案将为你提供关于谈判其他方面的信息,而你也因此不至于因为直截了当地提问而获得一些不实的回答。

充分利用对方的弱点

每一位谈判者都想在谈判中取得优势地位,一旦你在对手面前暴露出你的弱点,你就要在让自己尽量避免再暴露你的弱点的同时充分利用你的弱点。

许多谈判高手除了不愿意谈论一些琐屑的细节以外,几乎没有谈判的弱点。他们在处理一些不重要的文字工作上面缺少耐心,因为他们更喜欢在他的工作时间内去考虑一些事关大局的事情,他们认为这样可以更有效地利用自己的时间。

这对于别人来说可能是一种弱点,但是对于他们来说仅仅是一种做生意的方式而已。

他们可以让自己信得过的,有这方面经验的手下来处理这些琐屑的事情,然后把那些重要的条款跟他们讨论一下就可以了。这样可以让他同时处理很多笔生意,而不用放弃其中的任何一笔买卖。

作为谈判高手,他们早已经学会让他们的下属在看到一棵树木的同时看到一片森林,这大概就是他成功的一个关键要素吧。

每一个好的谈判代表都要学会什么时候去委派其他人，什么时候需要亲自去行动，当遇到疑问的时候，就该委派其他人了。

大多数谈判代表没有意识到如何保护自己免受自己弱点的伤害，或者是如何避免你的对手用他们擅长的方式来破坏你的生意。

比如你的弱点是总想要对一笔生意的很多细节发表很多议论，正巧你正在跟一位喜欢考虑大局的谈判高手进行谈判。但是你已经意识到他对于这些琐事很没有耐心。

所以当你开始谈论这笔生意将来的一些细节问题或者是汇报一串串数字的时候，他的反应可想而知了。

你应该抑制你的积极性，然后对他说："虽然我有很多细节的问题要说，但是我不想浪费您的时间，因为我知道您的时间很宝贵。那我应该跟您部门中的哪位来谈论这些问题呢？哪位具有权威性，而且可以很快解决这些问题呢？"

可想而知，当他听到你的这一席话会感到多么的轻松，而事实上，这样可以让你完全控制生意的有关文件和那些每天都要做出决定的人。

你已经发现真正的生意决策者，他并不是老板。

顺便说一下，无论什么时候你需要或者是不得不委派一些事情给其他的人的时候，你一定要信任你委派的人做的决定。

两种常见的弱点

有两种常见的弱点应该引起读者的注意。因为你很有可能具有其中的一个或者两个,但是你从未把他们当作弱点。

第一个是对于细节问题无能为力。

魔鬼就存在于细节之中时,但是有很多的人通过这一途径把自己的意愿强加在别人身上,而被施加者却并没有意识到他们的缺点而愿意接受模糊的语言和短语。

例如,"所有通常的费用和其他费用都是买家来付的"。或者是其他可以在很多文件中发现的同样的话,这些话通常是不严密的,以至于如果发生争论的话他们可能就会采用有利于自己的不同解释。

那么在许多合同中都可以在看到的"具体细则详见后文"这类声明又怎么样呢?足够细心的人会在后面发现很多条款,其中多数是毫无价值的。

然而,在这些条款之中可能就会有一些他们想要瞒天过海的弥天大谎。

记住:"前面的大号文件给予你的东西,小心被后面的小文件又拿回去。"

如果你想要成为一名成功的谈判代表,就要迫使自己阅读每一个细节。

相反，把对你来说很重要的细节隐藏起来没有什么过错，但是不要把那些对方不能接受的条件放在不显眼的位置。如果被发现的话，被你的对手利用之后，你千万不要为你的欺骗行为寻找任何借口来辩护。

第二个弱点是所有新手容易犯的，就是在每一次谈判中不能合理地控制和安排时间。

每次交易都以一个特别的时间开始，当你想要结束或者取消谈判的时候你要对时间有个特别的安排。不像一场80分钟的篮球比赛和一场五千米的长跑比赛，你在谈判的时候没有时钟和终点线在指导你。只有经验可以帮助你建立一个合乎逻辑的时间框架，但是谈判的难度和步调会使你作出一些修改。

你不得不确定你每一次交易时的大多数时间，然后按部就班地行动，去安排时间的分配，除非在被规定有一个时间限制的特殊场合。

第四章
谈判策略，打造一场完美的博弈

面对问题时,要作出果敢的决策,能说服对方相信得到的比预期的多。

如果你在谈判中的首要目标是推销自己及自己的想法,你将会领先于众人。人们常常只关注价格、收入、支出、奖金之类的数字,而殊不知其实还有很多金钱无法逾越的东西也同样重要,这种现象再正常不过了。

推销自己想法时,你不能一进屋就开始高谈阔论,而要讲策略,要清楚知道自己在谈判中每说一句话所要达到的目的,还要知道在哪儿结束谈判合适。

用激情激励别人

如果你刚立业就把自己想象成为一名推销员,你就已经向成为一名出色的谈判者迈出了第一步。激情总是很有感染力的,你展示激情的同时也在激励别人,甚至连你的对手也会被你的激情所感染。

谈判失败常常是因为缺少个人的激情及缺少向关键人物推销自己的能力,在谈判桌上保持所有优势。

与对方建立良好关系有助于谈判成功

钱仅是谈判的一部分。大多数人都很看重利润,他们相信只要价钱谈妥了，一切也就迎刃而解了。

其实，他们彻底错了。价钱只是交易的一部分，建立个人的人际关系在谈判中也同样重要，因为完成交易需要别人的帮助，所有的谈判都是这样的，你与别人交流的同时就是在推销自己。

书前的你，即使只是一位小投资者，在做一笔小交易，你仍然可以把跟自己需要的人建立关系作为交易的一部分。

例如，如果你需要一批贷款去投资地产，就要去找决策人，跟他联系，花费必要的时间和精力与他建立关系，这样更容易获得有利的决策。不用呈递贷款申请，别人就可以了解你，这会大不一样。

每当人们进行谈判的时候，往往不自觉地就怀疑对方所说所为，当涉及到钱的时候，人们也会怀疑对方的动机，这是无碍避免的。

如果有人一开始就说："我会帮你赚很多钱。"

这只会加重你的疑心，因为，正如刚开始提到的，你倾向于不相信别人。

很多谈判者认为当开始说服对方的时候，应该首先作出许诺，但实际上这并不是开始的最好方式，与对方建立关系、寻找共同看法、让对方相信他在与一位公正的人做交易，这才是最重要的。一旦你做到了这些，你就不用告诉他你在帮他赚钱，如果你把建立关系和信任作为出发点，一切将迎刃而解。

建立关系的有效方法就是在谈判一开始就假定这是众多谈

判中首先要谈判的，而且你想与对方从此做更多的交易。很多人都想通过签订合同尽快结束谈判，然后做其他交易，但如果你成为一个众所周知的人，就会给所有与你接触过的人留下深刻的印象。当你再次与他们或与他们认识的人谈判时，你的名誉会助你一臂之力。

与对方建立良好的关系

谈判的任务就是要想出如何用最好的方法把自己的想法传递给对方，并且说服他们相信自己的想法是合理的，这需要通过体验和学习什么是最具说服力的来掌握引人注意技巧的基础。你必须明白炒作和引人注意技巧之间是有着明显区别的。

如果你想把你的产品和想法展示给别人，专业的视频或音频展示有助于交易取得成功。你也可以用许多其他方式来运用这种技巧。

例如，穿着得体地去拜访债权人，留下尽量好的印象。假如你要向大型银行贷款，你应该穿高贵的西装，戴名牌领带，当银行知道你不缺钱花的时候，它可能会贷给你更多。

如果你跟某人约在高尔夫球场见面，就要穿与那种场合配套的服装。严格要求着装会让你避免尴尬。第一印象会成为持久的印象，因此你要为想给别人留下的印象而做精心准备。

推销自己的方法有技巧

当你在为谈判中看起来简单又容易令人信服的讨论而做充分准备的时候,这不失为一种高明的策略。因为对方不会关心你为了取得成功而花费了多长时间。

那些只做一点准备甚至毫无准备就进行谈判的人让我很费解,如果你精心准备了,而对方没有,猜猜谁会在谈判中占优势。

谈判高手都花了大量的时间为每次谈判做准备,不仅是大规模谈判,而是他遇到的每次谈判,他知道准备得越充分,担忧就越少,他不想被未考虑周到之事以及原本可以通过更好的准备预料的事弄得措手不及。

他表现出自信,为整个交易做好了思想准备,想好该如何回答突然提出的问题。这些都是极为重要的,他充分的准备使他说服了对手。

如果你正在推销,你可以利用惹人注意的技巧去推测潜在购买者所认同的东西。你应该通过价格、优点、功能上的对比,尽可能充分地展示你自己产品的优势。

最小付出原则

一位名叫吴戟的研究员开展了广泛的会谈试验,结果发现参加谈判的人都企图使自己付出的努力最小化。这告诉了你最好的谈判者需要知道什么东西。

问你自己:"如果我是他们,那我想得到什么?"或者"我想问什么问题?"对于这些问题的答案,参加谈判之前就得心中有数,而后,吴戟的原则就起作用了。你会瞒过谈判对手,让他们以为很安全而不会去验证你说的话是否正确。

在合适的时候,谈判高手王刚的商队会对谈判进行简化。他跟手下的谈判人员讲解如何通过充分的准备,从而在谈判过程中切中要害。

例如:当他想让投资者与其一起投资于某项生意时,他会吩咐财务人员采取不同的方式强调突出其中的数字。他采用自己最喜欢的那种方式,作为与投资者签订合同的基础。

然后,他在页尾写上几个大字:每年还20%。因为王刚书写独特,大多数阅读合同的人都会把注意力放在"20%"之上,而对合同细节关注极少。

但是,王刚的直觉告诉他细节过多也会让人们失去兴趣,因为那会让人觉得"这笔生意太复杂了,我做不了"。

吴戟的原则告诉他:人们主要对最后一行感兴趣。

尽快地让人们知道最后一行,生意也就做成了。聪明的准备能让人们由犹豫不定转变为非常肯定,如果他们想调回头再亲自检查一下他们的数字或者把合同递给财政顾问,那也很容易应付,因为王刚商队已经做好了准备。

但是王刚在合同最后一行所提到的文字才是最重要的。当对方叫来财政顾问时，对方会对顾问说："我认为这笔生意很好，你去核查一下这些数字。"

王刚曾利用从吴戟原则中学到的知识为自己的一位朋友带来了意外的财富。

他的那位朋友叫刘天，也是一位房地产商，他正建造一幢楼房。

他说如果他能向租户证明每年租金是固定的而不是随着房价越来越高，租金也会随之发生波动的话，他的房子一定能够租的更好。

因为中国的房价不知是在什么开始，不断的增长、攀升，导致很多的租户人心惶惶，不敢胡乱租房。往年原本三百块钱一间的房子，租着租着房东突然要求涨房租，而你如果不按照房东的要求做，房东就会将你赶出去，毕竟这房子是房东的，法律一定是站在房东那边。

就是因为这样的房价动荡，导致有很多空置房子无人租住，王刚得知刘天的困扰后，立刻想到了吴戟原则。

王刚猜对方不会花时间和精力去亲自调查，所以就按照楼房地址、大小、时间长短仔细调查了清单上所列的楼房，分别标注价格以及租住年限。

每个看过这张清单的人都会相信它的可靠性，因此每个租户都会认为依照清单上的规则挑选，真的可以减轻他们的负担。

在所有谈判中,你应该在谈判前通过了解更多的事实和收集尽可能多的信息来为自己做好准备。

例如,你正计划要买一座房子,你需要了解你感兴趣地区同样的房子在过去一两个月的销售情况;如果你想买辆新车,上网查一下经销商的成本。做好准备,你的付款就会很实惠。不要让你与吴戟原则背道而行,要做一个愿意仔细调查你所收到信息的完整性的少数人。

第五章

掌控节奏,
谈判进程由你来主导

迅速进行交易通常是个错误，可能这是一桩好的交易，但是应该由你来决定谈判的速度和进程。在谈判中，应该按照你的而不是谈判对方的日程和谈判策略来进行谈判。

懂得掌控谈判进程

一项迅速达成的交易往往使一方感到不满意。不可避免有人会忽略一些关键的细节。但你绝对不能做这样的事情。

此外，迅速达成交易，很有可能因为你没有合理的机会去深挖所有的可能性而没有取得最佳的谈判结果。

谈判要慢一点的另外一个原因就是一场成功的谈判要达成谈判双方的"满足感"，这需要时间。这些都意味着你需要时间，向对方显示出真正的兴趣。

如果你着急的话，就会传递出相反的信息，例如你对他们没有任何兴趣，你只对交易本身感兴趣。

你如果在谈判时投入大量时间、精力，就会传递这样一种信息：你愿意倾听对方的意见，希望谈判结果令双方满意。

与此同时，你也可以获得更多有用的信息。当你要提出问题时，首先要了解背景信息，要先了解你的谈判对手，你应该明白他们的动机，利益所在，还有他们的谈判目标，也就是所有有关他们的信息。

以上说这么多，并不意味着你一定不能加快谈判的进展速度。有许多这样的例子，如果加快谈判速度，尤其是当对方因为谈判进展缓慢而逐渐失去兴趣时，谈判将会对你有利。

当这种事情发生时，最糟糕的可能就是对方会说：等你有时间时再通知我。

此时你最应该做的就是加快谈判的进程。可以这样告诉对方：请两天之内告知我们结果，否则我们也只好另寻他人了。

现在，再来让我们看下相反的情况。

如果对方要求你在两天之内给出回复你应该怎么办？当他们意图催促你快点，此时你最好放慢脚步。

你可以问："两天时间可能不够，我正忙于其他事情，所以我在一星期之内都很难回复你。能不能多给我们几天时间？"

如果这样回答的话，你并没有否定两天的期限；而是探测对方看看这是出于事实考虑还是虚晃一枪。如果是后一种情况，延长时间期限是可以接受的。

当对方希望慢慢来时你便加快谈判进程或者当对方希望进展快一点时你就缓上一缓，这个技巧不仅仅是为了取得谈判的主动权，这么做是有一定的特殊原因的。

当你取得主动权的时候，它会给你机会让你研究对方会怎么应对你所作出的改变进程的举动。通过使用主动权，观察对方如何应对，从中你可以了解到对方立场是坚定还是软弱，还有他们的谈判技巧，与此同时，己方的立场和谈判策略也不会泄露丝毫。

当谈判高手试图加快或减缓谈判进程时,他们通常会先分析对方的反应。

他们是立即同意还是恼羞成怒?他们是回答"好吧"还是"没有问题"?他们是否有显示出不耐烦?所有这些都会带给陈历关于谈判对手的有用信息。

加快谈判进程,抑或减缓,决定于哪种方式对你有利,并且随时间与环境的变化而改变。但如果你拿不准,那就慢慢来。

主动获取谈判主导权

当控制谈判进程时,通常将这3点作为指导,如下:

1. 不要迅速接受任何提议,一定要矜持。

千万记住,谈判的结果必须是双方满意,否则,这便是一次不成功的谈判,而具有讽刺意味的是,当人们很容易获得某物时,它往往并不是最令人满意的。这可能让他们想到如果再努力一些,过程再艰难一点,他们或许会得到更多,如果这种事情在谈判时发生的话就麻烦啦。

成功的谈判都有着一条基本原则,那就是你必须使你的谈判对手感到心满意足。

如果让你的谈判对手经过谈判最终得出结论是:虽然谈判很费力,非常困难,但我得到了我想要的,我做得太棒啦!这就是满意。这需要时间和精力,但最终会得到最好的回报。

2. 要适当地"优柔寡断"。

许多读者都会误解这里所说的"优柔寡断"的意思，其实其中的意思是说，在谈判时有时候优柔寡断也可以作为一种技巧来控制谈判进程。

通过可以说："我对此不了解，让我仔细考虑考虑之后再答复你。"

你利用"优柔寡断"拖延了达成协议的时间，你也就很好的贯彻了书中所说的"加大时间投入"这一原则。

简而言之，投入的时间越多，人们越不愿两手空空而回，时间投入增加了谈判成功的可能性。出于本性，人们厌恶花费时间却一无所得。所以通过"优柔寡断"你可以从对方那里获得耗时的信息，令他们加大时间投入，金钱投入，或者两者都有。

在很大程度上，在将时间投入谈判中和将钱投入市场具有相同的意义，都是希望获得最终的回报，你肯定不想投入却没有回报，不仅是你，所有人都不想空手而归。

3. 不要火速谈判。

这点的重要性无论怎么说都不过分，在一项迅速达成的交易中，肯定有一方吃亏。谈判追求的是双赢，谈判结果应该是令谈判双方都满意，而不是一方胜利一方失败。

如果你别无选择，只能迅速达成交易，那么你必须做好充分的准备，比谈判对手知道得更多。这是唯一使你摆脱这种困境的方法。如果你火速谈判，你就必须在谈判双方之间建立一种会使将来可能的谈判进展顺利的互信和友谊。

设置期限，加快谈判进程

通常，我们希望能够控制谈判的进程，但有时因为有无法改变的时间期限而不得不按日程来谈判。

当然，如果你知道对方必须在一个固定的时间期限完成谈判达成交易，那么你可以通过推迟达成协议的时间，给对方造成时间紧迫的压力来获得谈判的主动权。

如果你就某一重要的交易问题有异议，你可以等到谈判最后时来解决，拙劣的谈判代表会在那时投降。

当截止日期一天一天逼近时，大多数人的想法是"我现在必须完成点什么"。这种受挫的心态，很容易让人做出他们原本反对的妥协和让步。

人们不喜欢期限是因为那时他们感到最容易受到攻击，期限是一种压力，很少有人能在压力之下作出明智的决定。

一定记住，如果是对方有时间期限的压力的话，那么这对你而言是十分有利的，因为他们需要在期限规定内谈判，而你却不必。

当你想达成交易时，你可以试着给对方确立一个期限，这将对你有利。

多年以前，国外有过这么一份研究人们在谈判时的倾向的实验报告。

通过给付合理的报酬和免费的招待，邀请各行各业的人参加他组织的一系列模拟谈判。在谈判开始前，他将谈判技巧参差不齐的参与者分成两组。

在假定的情节里，涉及一个国外制药公司，它向市场推广了一种新药，但这种药有很大的副作用，可能导致身体失衡、视物不清甚至永久失明。

在这场模拟的谈判中，一部分的谈判者代表受害人，因为服用该公司的药而给他们带来的伤害而指控该公司。他们被告知解决方法是每人从该药品公司得到 80 万美元的赔偿。

而另一部分充当药品公司的人员，他们的目标是将受害者索赔的数额降到最低。

谈判的每一方都被告知他们只有一小时的时间达成最后的谈判结果。铃声将每 10 分钟响一次，并被告知剩余时间。在最后 10 分钟内，铃声和时间告知将每分钟一次。

到规定的时间未达成任何协议的话，谈判双方将被裁定进入谈判僵局。当模拟谈判结束的时候，每个参与者都被要求填写一份详细的调查表，试验执行者将对答案进行分析。

其中一个有趣的结论是在实验中，大约 90% 的协议都是在最后的 5 分钟内确定下来的。这证实了：人们倾向于到最后一刻才作决定，但仅仅是为了使交易不至于流产。

在大多数人的头脑里不能达成协议就等同于失败，而达成一个不管怎样的协议，即使并不是你真想要的，也是一种成功。

现在你知道时间期限对拙劣的谈判代表的影响有多大了吧，这里列出了在谈判中需要遵循的 4 条指导方针。

1. 大多数人到最后一刻才作决定。原因之一是达成协议的渴望，另一个原因就是关于时间的观念，人们不希望投入谈判中的时间被白白浪费掉。

2. 除非有令人信服的原因使交易圆满，每一笔交易都充满曲折，甚至胎死腹中。没有充分的原因使谈判迅速达成一致，那么谈判将一次又一次地进行。但在一定程度上，问题会被分期解决。

你必须坚持不懈地朝目标前进，使谈判朝着对你有利的方向发展。直到尽你所能使对方在这方面投入大量的时间和金钱，但与此同时，在你这一方，你必须保持最小的投入，否则，你也将成为"投入时间"这一指导方针的猎物。

3. 你被附加谈判时间期限是最糟糕的事。有些人认为给谈判加个时间期限会使他们获得谈判的主动权，然而事实却恰恰相反。

提出时间期限的一方往往处于被动，而另一方则有优势。

牢记这一点，尽量使本方人员不要设立任何的时间期限。在未达成你所期望的谈判结果之前，不要让对方知道你有时间期限。

如果你试图加快谈判进程，从而给谈判对手造成压力，你可以给对方订立一个假的时间期限，然后，你可以随心所欲地更改这个时间。

4.确定时间期限是真是假。

有些人在和你谈判之初可能说："这桩生意必须在本周末之前确定下来，否则免谈。"这时你的工作就是要辨别真伪。

你可以这样说："不好意思，我最近几天都得出差办事，能不能等我回来再说？"

如果对方动摇，他们确立的时间期限显然是假的。而如果他们给出合理的解释，说明为什么时间期限很必要的话，你可以了解到一些有用的东西。

或许你可以扭头就走，看看他们是不是真的让你走，不加挽留，你也必须看看你的上级给你的时间期限是真是假。

如果公司主管让你去参加谈判，并告诉你："在48小时之内给我结果。"

你可以向他询问："可不可以多给我一点时间？"

他的解释合理与否，决定你是接受时间期限还是继续向上级争取。

发现有效的谈判工具

在你参加的任何一场谈判中，建立你的关键途径非常重要。

关键途径以谈判开始时间为开始，那天作为"启动日"，到

"终止日"为止，即在那一天你决定是成功结束谈判还是放弃谈判。

对于要达到的目标，这非常有用，可以帮助你圈出每一个转折点和达到目的应该采取的步骤，按照合理的顺序，记录完成每一步所需的时间。

如果时间期限真的确定下来，那么截止日期就是"终止日"。

例如，你有一辆车，租约是12月31日就到期，这时候，你就必须再找另外一辆车或者在到期前延长租约。所以12月31日就是你的"终止日"。

而下一步，你要看一下今天是几号。假设现在是1月1日，到"终止日"你做决定前还有12个月。那么，在你正式进入谈判前，你得知道自己对新车有什么要求。

一个月的时间应该足够你来确定自己的要求。

售卖高峰一般在6月开始，所以你的启动日应该是5月1日。在这之后你需要集中精力来思考自己对新车有什么要求，从而开始进入正题。

在5月1日之前，有许多准备工作需要做。

你要对汽车的价格和保养费用进行研究调查，还要决定自己选择哪家代理商；最后还得确立自己想要的车型和理想的价钱。如果这些准备工作需要超过一个月的准备时间，那么启动日就得比5月1日早。

假设你已经对新车的购买达成协议做好充分的准备，那么在"终止日"之前多早完成交易，就需要选择一个时机了。

如果说，你只是将车还给你的租赁公司，同时购买或者另外租一辆新车，那么时机选择很简单。但是，如果你决定从另外一家代理商那里买或租一辆新车，时机选择就很复杂。

因为建立可行的关键途径需要分别考虑这两种可能，所以你得准备两个关键途径。给自己定一个任务，思考你需要采取的每一步行动，确定你的关键途径。

这需要进行仔细周到全面的考虑，掌握确定关键途径的艺术是成为一个高明的谈判代表必不可少的要求。

考虑在谈判中出现的无法避免的期限的同时，你还要考虑可能发生的各种突发情况。当突发情况对你有利时，你一般应该采取拖延战术。

但如果自始至终你都密切注意你的关键途径的话，对方如果试图拖延怎么办？那你就得想个办法将对方放在"火上烤烤"来催促他们快点。这把火可以是压低价格，使交易破裂，或者改变他们期待的交易时间。

例如，你想让对方继续降低价钱，你就应该减缓谈判的进程。当你这样做时，对方就会抗议，并告诉你他们急需要钱。

这样一来，就使得你在金钱交付的时间进行了一场拖延谈判。

如果对方拖延不起，他们唯一的选择就是给出一些优惠从而加快谈判的速度，或者威胁放弃谈判。每一场谈判都有一条看不见的时间线，开始时，它曲折前进，最终达成协议或者谈判破裂。

当你参加过多次谈判，有丰富的经验时，你就会有一种本能，知道谈判是否正在有条不紊地朝着你的目标前进。

筹划谈判，从各个方面入手

谈判经常由于参与谈判的某个关键人物在规定的时间没来而拖延。如果事先你对此不知情，或者说你对谈判拖延无能为力。那你就应该提前确定所有参与谈判的人员的时间表，从而避免拖延。

一个好的计划完全可以做到这一点，如果有必要的话，将时间期限向后推迟或者让不能参加谈判的人找个人来替代来进行谈判交易。

如果谈判因为没有组织好而发生拖延，这时所有的谈判技巧都没有用。这会让每个人都感到灰心丧气，这可能损失钱财，甚至造成谈判破裂。

所以当你进行多回合谈判时，将每一个问题都列在你的日程上，随时了解存在的问题。这将会影响双方的谈判方式，同时你也可以将此作为加速或者减缓谈判进程的手段。

学会利用捆绑方案

在谈判中，没有唯一的解决方案或者谈判结果。在大多数情况下，如果你愿意，可以找到很多可行的解决方案。

准备方案 B 作为方案 A 的捆绑方案，在进行谈判时，采用了这样的方案可能取得让人更满意的结果。你可以在时间期限、价格或者其他谈判中的重要方面上进行这样的准备。

例如以"90 天内价格为 50 万元人民币"或者"现在付现 40 万元人民币"进行比较，这就是将时间和截止日期进行捆绑。

在房地产交易中你也可以看到类似情况，一位买家可能和卖家这样进行谈判："如果你帮我付房地产买卖手续费的话我照全价付款。"

或者一个买家具的人这样说："如果明天你免费将家具送到我家，我就不再砍价。"

捆绑方案的奇妙之处就在于给出更多种的解决方案，而不仅仅是"这就是价钱，要么接受，要么走人"。这和"关键途径"的策略也相吻合。

捆绑方法是"关键途径"的不同变体，可以使交易从各个方面看都是可行的。你一定要记住一个法则，那就是当这个东西有可能会坏掉的话，它将可能会在你最需要它的时候坏掉，这个法则对谈判同样适用。

拖延的原因可以来自谈判的任何一方，原因也多种多样，也可能是作用于谈判双方的外部因素。

例如，你打算买幢房子。你和卖家已经达成了协议：就房地产买卖手续费和入住时间达成一致。

但这时候，卖主突然有一个投资机会并急需你的钱，突如其来的一场大火却将他的房子化为灰烬。这就是法则中一个典型的例子，它可能使交易无法进行下去，或者，使得某些条款做出一定修改。

这一点没有任何办法可以预测，但如果谈判双方已经建立了一种互信的良好关系的话，不管任何意外发生，都能找出解决的方法。

并非所有的僵局，都对你不利

什么是僵局？谈判双方因为一些基本问题没有达成一致时双方停止谈判，这就是僵局。

普通大众和拙劣的谈判代表都对僵局心存一丝恐惧，这样的例子不胜枚举。他们认为僵局就是失败，他们害怕成为失败者。但是，通常僵局可以被打破。

如果对方了解到你可以随时打破僵局，那么谈判对方对僵局的恐惧就会为你所用。如果一方在某一时刻立即接受僵局，那么很显然在谈判过程中这方将有很大的优势。

由于出现分歧，如果你表现出希望停止谈判的意愿时，将会给对方造成很大压力，大多数人没有意识到的是僵局可以被打破，总有一种方法能让谈判继续进行。

你造成僵局有几种原因。

第一，这表明你对你的立场充满信心。

第二，这可以测试对方是否有相同的决心和信心。

第三，这可能导致对方为了谈判继续进行而做些让步。

第四，僵局可能使你方人员认为这是"路的终点"（显示你已经得到所有可能得到的东西，没有可能再得到什么）。

第五，僵局可能改变谈判的进程，提高你的主动权。

僵局非常有用，因为它能显示对方的立场并在那一点使他们手足无措。所以你可以对你的谈判对手说："如果你不同意这个价格，那咱们就没得谈，我将立即离开。"

如果对方立场坚定，那你必须离开。因为僵局可以打破，谈判不一定会破裂。但你既然已经知道对方可能因为无法接受这个价格而放弃交易，那么这就已经表明了谈判双方的立场。

如果对方有时间的约束，那对他们来说僵局就是个灾难。

所以如果你愿意制造一个僵局的话，对方就会因为受时间所迫，在谈判中失去很多的控制权，从而，你获得的控制权就会更大。但他们也可以以放弃谈判和忽视他们在谈判中付出的心血和金钱或者做一些让步，让你改变你的立场。

如果你把拖延谈判作为一种策略的话，要记住时刻面带微笑，并且有礼貌。只告诉对方你不能按照他们的要求去做，这给日后如果你希望重新回到谈判桌前改变立场留下了余地。

例如，你认为你可以从别人那里得到一个更好的交易时你制造谈判僵局，但不久你又发现其实先前这个才更好，你想重新回到谈判桌前继续谈判。

任何时候都不要自断后路，谈判时有些气话是不能说的，比如："和谁谈我都不愿意和你谈，你是这个世界上我最不想与之谈判的人。"这样的话，最好别说。

因为在谈判中，你必须给自己留一份余地，所以你应该学会控制自己的脾气，比如，你可以这样说："没关系，你可以再仔细考虑一下，如果你想改变主意了，请记得给我打电话。"这样的一个话别，就会很好的为你们双方以后重新谈判留有了余地。

如果当你这方有人意见与你不同时，或许制造僵局可以为你所用。

举个例子，谈判高手刘庄打算买一幢房子，经过一番讨价还价之后，最终价格确定为120万元人民币，他也认为这是最合理的价格。

但如果他的妻子跟他说："我觉得这房子最多只值100万元。"

那么，刘庄就会告诉卖主："他只能出100万元。"

当然，卖主可能说："这房子很好，120万元的价格绝对不高，100万元我无法接受，如果120万元你不买的话，我就卖给别人了。"

刘庄接下来会试探卖主的坚定性，最后他的妻子肯定会相信一件事，那就是如果想要买这幢房子的话就必须得付120万元才行。

大公司害怕僵局

当你知道你正在和大公司进行谈判时，你就已经占据了很大的优势，因为大多数时候，僵局都是对你有利的。大多数人认为在谈判中，公司规模越大，越占优势，但事实并不这样。任何一家大的公司在决定进行交易时，都要经过层层审批。

大公司就像一艘远洋定期客轮，一旦发动朝一个方向行进，它就很难转向。大公司害怕僵局，因为僵局会延缓交易的进行，并且需要召集决策层重新开会。这束缚了人力，并且阻碍上级已经同意的交易的进行。

在谈判中了解并利用这一点，你在谈判中经常可以获得主动权，不管这家公司多么的财大气粗，影响广泛。之所以如此，只是因为要向公司高层解释清楚谈判为什么这么混乱是一件很麻烦的事。

例如，一个大公司的开发商，打算建造一片住宅小区，而你有两块地刚好在其关键位置。开发商已经用诱人的价格和这一地区的其他土地所有者达成了交易。但是你知道一旦这个地区的基础设施建成的话，这一地区的所有土地都会升值。

即使就价格的意向合同已经达成，你也可以再要高价，制造僵局。你的僵局很有威力，因为你知道开发商是按照市里给的期限来办事的，转包商、供应商还有你的这块地都是他们的计划中重要的一环。如果你坚持不放，毫无疑问，你会得到更多的好处，但同时你也得记住一件事，不要贪得无厌。

打破僵局的方法

即使人们认为僵局就意味着交易已经取消，你也可以试着去打破僵局，下面你将会学到如何打破僵局。

第一，推迟解决造成僵局的条款，先解决其他问题。

例如，出现僵局时，你可以保持微笑的问对方："假设我们的交易价格已经达成一致，那我们之间还有没有其他问题呢？"

通常人们愿意绕过棘手的问题，将注意力放在容易解决的问题上。如果这样的话，你将重新回到友好谈判的轨道上。

如果你想打破僵局，那么就可以先谈论僵局之外的其他任何问题。

第二，你可以做一些小的让步，并且也要求他们做出回报。这样的话，任何进一步的讨论都可以重开谈判。

第三，另辟他径，直接越过谈判对手，同公司其他不同和较高层次的人进行谈判。既然僵局发生时他们不在场，那么他们可以在被说服之后扮演和事佬的角色。

打破僵局需要消除在谈判的竞争气氛中产生的利己主义、情绪激动、坚持不放等问题。如果你对人性有所了解，打破僵局对你来说就不会有太大问题。

第六章 谈判升维,利用人性的力量

人性在一定程度上最终决定了交易是成功还是失败，所以了解人性的特点对于了解谈判的要点是必不可少的。一旦人们形成了一种纽带关系成为了朋友，或是陷入了绝境成为了敌人，这种情况就很难再去改变了。

在谈判中最重要的一方面，就是每个人都要以一种大家可以接受的满意程度来表明自己的观点。

谈判也要讲点心理学

关于谈判心理学你所要知道的第一件事就是，独一无二的、与众不同的东西总是很好卖的。这就是陈历先前所论述的一种独有的性质。

你要努力在其他人的脑海中构建这种东西，你要卖什么东西并不重要，你的成功取决于你是否拥有建立并维持这种性质的能力。如果你能够提供的东西，另一方在其他任何地方都找不到的话，那么你就能够占据非常有利的位置了。

这一点在任何形式的交易中都管用。

如果你在试着找一份工作、卖一套房子或是买一台电冰箱的话，通过传达你所拥有的这种独有的性质，所有的这些问题都能够得到改善。

也就是你所应该拥有的一种能力，使你能够说服与你进行交易的人相信你拥有的恰恰就是他们所想要的东西。记住并遵守我们将要讨论的规则。

人总是想要自己得不到的或是别人想要的东西，贪婪和嫉妒的动机普遍存在于大多数人心中。就像许多经典电影中所带给我们的启示：里面那个非常富有的男人，仅仅是因为他小时候所没有得到的一件小玩意，就毁了他的整个人生。

你可以从这里面学到很多东西。

如果你真的想吸引顾客的话，你就试着立个标志——买卖公平。

一次拍卖活动的效果依赖于竞拍者的人数，竞价变得越是疯狂，越会有更多的竞拍者想："既然有这么多人想要得到它，我就一定要把它买下来。"

所以，只要有机会营造出一场拍卖的氛围，就一定要把握住。

如果面临太多的决定，人会被压垮。

实际上，你可以通过一次给某个人过多的信息或是过多的事情去考虑，来使他无法作出一项决定。

问题的复杂性总是会吓倒人们，一般情况下大多数人对恐惧的反应都是逃避。如果某个人被迫一次作出很多的决定的话，他可能会选择宁可不作任何决定。

这就像是让某人吞下一粒像棒棒糖大小的药丸，如果你一次就把药都给他服用，那么他就会噎死。但是，如果你把药掰成很小的几块，一次只给他一点点，之后隔很长一段时间后再给他一点点，他会服下所有的药量并且永远不会意识到这些。

在你的谈判游戏计划中，尝试着在最合适的时候从每一项讨论里寻找决策，并在合适的时候增加决策的数量。因为当你是在一种不紧不慢的节奏下进行谈判时，你可以掩盖住那些没脑子的人的棘手问题。

抓住人的竞争心理

下面是针对这一具有催眠效果的现象所设置的更加严密的调查，即我们先前所讨论过的合理合法性陷阱。

如果说一件事是完全错误的，这是有一定可能的，但是，如果你能自信而且很权威地提出，或者最好是印在看起来像是官方文件的纸上，人们就会相信这种创造出来的合理合法性。

谎话说得越大，说谎话的人越有名望，就越是容易被大家所接受。

比如，你在一家商店里看到了一件货物标签为："零售500元人民币，我们只卖350元。"你认为你省下了150元，所以你认为这是一笔好买卖。

但是这500元的价格是从何而来的呢？是谁凭空想出的这个价格？这个看起来似乎合情合理，因为这是写在纸上的，而且人们总有一种倾向，相信他们所读到的东西是真实的。这些书面的话具有合理合法的表象。

再比方说你在一份大报纸上读到一篇文章。你倾向于相信它所说的东西，因为这刊登在《某某日报》上。但是在现实中，这只不过是栏目编辑或记者对故事的一些说明和观点。

即便是自身有不法行为被大报纸曝光了，我们也仍然会相信我们在这些报纸上看到的东西，这就是媒体真正的力量。

同样的现象在电视上也一样起作用。

常常有人在跟他人争论一件事情时，会说："电视上就是这么说的，所以我选择相信它。"

其实，事实上是你已经被这种"性质"给迷惑了。你所听到的东西很少是真实的情况，甚至有可能全部都是在误导你的，但是如果你能在谈判中围绕着关键的项目构建出这种合理合法的表象，这就会对你十分的有利。

任何时候只要是在道德允许的范围下，你都应该去利用这种合理性表象所带来的好处，同时不要被另一方在企图利用这一点的时候所骗到。

高远目标＋不露声色＝获得成功

你要学会不露声色。

无论是谁都不要过早地提出自己最佳的报价，也不要在交易中早早地作出太多的让步。为了尽可能地做一笔好买卖，你需要控制好自己的耐心并有战略性的思考。

例如，你在一家家具店，找到了一套非常理想的客厅家具，标价是4000元人民币，你认为价格公道，愿意出这个数。但是你这种喜爱之情要是被销售员发现了的话，你就大错特错了。

如果你告诉了她你的真实想法，那么你就彻底失去了谈判的可能性。你或许还能得到一点点的优惠，但是幅度较大的减价你是不可能得到了。

相反，你可以对销售员说："这套客厅家具的价格实在太高了，和我的心理价位相差太远了，能否打个折，便宜一点？"

这些话实际上就是很委婉地在开始进行谈判了。

她也行会问你："老板，你愿意出多少钱买呢？"

这个时候，你可以试着压价，对她说："大概2000元左右。"

她一定会反驳，"2000元也太少了，这套家具连进价也不止这么多，不如这样，3600元怎么样？"

这会儿你其中的一项好的谈判技巧就派上用场了，你可以继续问她："还是太贵了，能不能再便宜些？"

经过一番讨价还价之后，最终你可能会把价格降到了你所能接受的水平。

当你做到这一点时，你可以跟销售员开个小玩笑："虽然这个价钱还是超出我的预算，但是讲了这么久的价，你也讲累了，不买的话你都不会让我走了吧。"

这会在销售员脑中产生一种满意的感觉，而这是每一次谈判中都必不可少的一部分，她也许会开玩笑的张开双臂拦住你，满脸笑意的跟你说，"是的，不买不许走。"

这样的谈判才是最最融洽的。

看透别人的优越感

人性在很多方面都阻碍了我们。

例如，当人们认为另一方比自己有钱、有权或是在某方面懂得更多时，就会产生一种天生的恐惧感。

人们相信，和一位"大师级"人物相比，或是在一些更有经验、更有权势、更有魄力的人面前，自己无法稳住阵脚。

如果那个要与你谈判的人让你感到胆怯的话，尝试着去克服这种想法并与他一对一地单独联系。问题的关键就是在人性的方面去接触他并与他建立一种和谐的关系。

如果他说了脏话，或许你可以用同样的话去和他找到共同点；如果他很老练机智，你就要在这方面与他不相上下才行。

从另一方面说，人们同样地会感到不自在，如果他们认为你比他们优越。

人们总是喜欢与自己属于同一层次的人做生意，所以如果你给别人一个机会让他觉得你们身份平等，这将会对你解决问题十分有帮助。

适时保持沉默

记住，事物并不总是像你所看到的那样子，人们可能会故作沉默以从你那里得到更多的信息，和料想中的一样，这一套你会我也会。

例如，当人们面对一个有着浓重的陌生口音的人时，我们倾向于长话短说，尽量简单明了地表达我们的意思。很多时候事情并不是这样的，有些人在谈判中利用他们的口音来获取巨大的优势，这个办法很管用。

千万记住，永远不要以高人一等的口气和别人说话，当然也不要透露超出你计划之外的更多信息。

从另一方面讲，通过表现得沉默寡言，你也可以变得很聪明。

我们都有过这样的经历：一些人在我们面前表现得高人一等，这让我们很气愤；但是相反我们并不表现出来，我们让他继续那样讲下去。要让自己看起来很困惑，让他觉得你很笨，这样你只需要接收很多信息就够了，什么也不用说。

有的时候，仅仅坐在那里聆听就是明智之举。你自己说得越少，另一方说得越多，你就会变得越聪明。

"最小化努力"原理

不要忽视一个重要的谈判手段,这在先前的章节曾经提到过。人们会投入最小的努力去实现目标。如果他们认为已经完全足够了,就绝不会再多做一分的工作和研究。

这一发现来自于吴戟对于人类行为的深入研究。现在既然你知道了这一点,道理就变得很清楚:如果你能尽可能地投入更多的时间和努力,你通常会在谈判中的每一个关键点上赢得胜利。相同的原理适用于所有的文件。

不管是谁,只要控制了书面的文件,同时也就控制了谈判。读者们把注意力集中在他们读到的东西上。对于他们来说,找到空白的地方并把它们填满,需要他们很多的想法、时间和努力。

大量的实验结果告诉我们:他们很有可能不会这么做。

总有人喜欢免费的东西

每一个精明的销售员都知道,免费分发一些东西经常会促进生意的成交。如果你看看电视上成功的广告节目,你就会明白其中的意思。

"买二赠一"是他们经常使用的伎俩。对此信以为真的人将会拥有 3 项他们实际并不需要的东西,但是他们就是不能错过一笔交易。总是会有一位聪明的谈判家白送一些东西，用来拉拢客人，"两年内不用花钱""一份三年的保修单""一罐免费的洗衣液"等等如此的情况。

一位为了出售价值 80 万元的房子，在谈判中遇到困难的房地产商，可能会通过与潜在的客户聊天而取得成功。

他可能会对潜在的客户说："如果你今天签了合同，我会奉送两张购物广场的购物卡。"

这最多花去四五百元，可生意就有可能这么谈成了。

如果这位房地产商主动提出把房屋的价格降低同样的四五百元，这可能就不会达到一样的效果了。

这可能是一件小事，但如果是免费的话，就容易令人印象深刻，这就是人们会记住的东西，钱的数额并不重要。

免费得到东西的诱惑力是如此之强，以至于人们常常会忘记更重要的东西。

人们相信善有善报

对于"善有善报"的看法已经深深植根于我们的文化之中，在适当的时机这也可以作为谈判时的一项有效的手段。

这个概念与免费品是完全不一样的；这是在"如果我为你做了些事情，比如在谈判某一点上作出了让步，那么你也应该为我做些事情"这一原则下的一种交换。

为了有效地运用好这一技巧，在你作出任何让步之前先把所有可能的问题都列在一张单子上。不要让对方知道哪些问题对你重要，哪些问题对你不重要。在你把所有的问题都写下来之后，你可以和你的谈判对手说："如果所有的问题我们都赞成，是不是就可以成交了？"

如果他的回答是"不"，则需继续列出问题，直到你得到一个"同意"的回答。在你倾听所有可能的问题时，在心里要按照重要性把它们进行排序。

首先要从对你最不重要问题开始谈起，你应该在每一点上都进行坚决的谈判，并最终不情愿地作出一些让步。同时也要穿插一些重要的事项并努力争取谈判成功。

高水平的谈判者和低水平的谈判者之间的差别，就在于前者能够以较小的损失换取更大的收获。

"善有善报"理论使得另一方愿意进行交换，但是这种交换所涉及的事项并不一定要具备同等的价值，也不是一定要进行一对一的交换。

如果拿5条你并不需要的项目换取一条你真正需要的项目，将会使谈判变得很容易。你只需跟对方说："我放弃最后的5条，现在公平起见，也请你答应我其中一条。"

你只有掩盖了这几项问题作出让步的本质，使其和你应得的项目比起来具有相等甚至更多的价值时，此项技巧才能起作用。

如果你这样做了，结果将会令人叹为观止。

懂得借用本真的力量

每个人都会很容易地被简单的解决方法所吸引，但是当你决定运用这项原理时，一定要小心。只有在对你有利的情况下，才能考虑运用简单的解决方法。这里有4种说法的例子，可以采用简单的解决方法。

1."让我们各让一步。"其实只有在划分对你有利的时候你才愿意采用这种简单的方法。

例如：你正在和某人争论价格的问题。你想要以2万元的价格买下一件物品，而卖家要3万元。实际上你愿意用25000元买下来，但你不要把你的想法显露出来。

当谈判进行到一个地方，卖家指出他愿意接受26000元的价格时，你可以对他说："讲了这么久了，你应该看得出我其实很喜欢这件物品，不如这样，咱们各让一步吧。"

如此一来，就极为有可能以25000元的价格成交，因为这看起来对双方都很公平。

2."让我们迟些再讨论吧。"

有时候在谈判中会出现激烈的争论，会发脾气，双方都会耐心地等下去，谁也不会改变主意。这是否意味着问题就无法解决了吗？这是否也意味着你现在不该去促成问题的解决呢？答案是否定的。

其实你有更好的做法，你应该提议暂时把问题放在一边，先处理其他并不怎么会引起争议的事情。有望"迟些"过后，能有更多的问题在双方之间得到解决，更多"投入的时间"能够得到利用，并且能够有一个更加适合心平气和的达成协议的氛围。

3."还是让其他人来决定吧。"

这是一个简单的解决办法，因为它把问题的决定权从备受争议的双方手中拿了出来，使他们暂时摆脱了困境。

举个例子：当一个棘手的问题在你和你的对手之间不能得到解决时，你可以说："要不就将这个问题带回去给你们公司其他人来解决吧？"

这个策略给你的对手提供了一个机会，使得他们一方中那些原本无权知晓这些事情的人，也可以进行谈判并参与到作出决定的过程中来。

这并不是说你要接受另一方作为仲裁人所作出的决定，而是说决定可能被整个或部分否决，而现在谈判又重新到了一个新的起点上。

4."让我们跳出思维定式。"

这个想法是针对棘手问题的创造性解决方法，是个经常受欢迎的建议。因为没有人会喜欢僵局，所以如果你能提出一些有创造性的东西，就很有可能从对方那里得到积极的回应。

大多数人都拒绝承认或纠正他们的缺点

这是人类行为中一项关键的缺点。大多数人在他们的能力范围内都有自己的弱点，一部分人的算术很差，如果你是这样的一个人，记得随身带着一个计算器或是找一名会计师陪你一同去谈判，他们会弥补这方面的不足。

除了算术，还有人一些人在快速阅读和理解文件上有着与生俱来的困难。如果说你也是这样的话，根本就不要想自己可以顶着压力在5分钟内读完任何复杂的文件。你最好跟对方说："出于慎重考虑，我还得让我的律师重新看一下。"

这种自我保护的方式不常发生，因为人们不喜欢自己看起来不能胜任，每个人都会因为自己的不够格而感到很痛苦。

人们会想办法把它掩盖起来，因为他们不愿承认自己在某些方面很差，他们不想把自己的不足暴露给另一方。

你可以尽可能地发现和利用别人的缺点，这会对你很有利。这里不存在什么违法或是不道德的行为。如果他们愿意谈判，好像他们自己没有缺点或不足似的，那是他们的决定，你应该接受它。

勇于承认自己的错误

"我犯了个错误。"这样一句简单的话能使人感到非常解气。

例如，你是一名建筑承包商，你说，你愿意接你这份总价值22万元的翻修工程的活儿。当你给对方寄去书面合同时，你把价格加到了40万元。那么，当对方看到增加的价格时，他会一定会感到特别的生气。

他的第一反应肯定是质问你："我们已谈好了价钱，你怎么现在把价钱提高了？"

那么，阻止进一步产生敌意的方法就是对他说："我得承认我犯了个错误，我们又把一些实际的情况考虑进去了，因为钢筋以及其他所需的材料最近都涨价了。"

他能说什么呢？这直接就阻止了一场不友好的争执。

当你相信的人承认他犯了错误，这可以被认为是一种毅力的体现，人们的倾向就会是宽恕。你不要试想着去利用犯了错误的人。

举个例子：在你的公司里，当某人改变了交易的条款并对你说："我搞砸了，如果你坚持在这点上抓住我不放，我会被老板开除！"

当另一个人毫不犹豫地承认自己犯了错误时，大多数人多半会接受一个变故的，如果运用得当，承认错误会成为一项非常有效的谈判手段。

战胜你的拖延症

我们都在按照最后期限的原则活着。因为有了该起床的时间，所以我们能在某一时间前开始工作。

有些最后的期限是很重要的，有些则不是。你必须在每一个截止时间以前作出决定，如果你没有做到这一点，那无异于给自己带来一场灾难,这已经成为人们普遍相信的一种趋势。

一个聪明的谈判者能够准确地算出每一次谈判的最后期限是多么重要。

例如:在面对最后期限的那一方眼中,这是这次交易成功与否的关键。

他可以告诉你说:"我们必须现在达成协议了,因为我定的机票是 3 点 30 分,我在 2 点 15 分就要离开这里了。"

你可能倾向于答应一些你通常不会同意的事情,因为你知道他心中的最后期限,这使你处在了一个非常不利的位置。

然而,事实上你并不需要关心什么飞机,但是他在给你增加压力好使你快一点行动起来。他的计划是尽量把作决定的时间推迟到最后可能的时刻,迫使你最后把事情确定下来,好使他能赶上飞机。

凡是认为自己必须赶在最后期限前达成协议的人,都会处于一个很明显的不利位置,尤其是如果另一方很清楚最后的期限是什么时候。

时间成本也是谈判成本

当人们在额外时间处理业务时,每个人无疑在心理上或是可能在资金上就已经在投入了。因为人们在努力完成交易的时候,就已经投入了一定数量的时间和资金。

只要生意还没有成交，那就意味着还在损失着资金和时间。如果双方投入的时间不成比例的话，时间投入较少的一方就比较有利了，因为如果交易失败的话他们的损失相对会比较小些。一个很好的可以采纳的策略是：尽可能地使对方多投入时间和资金而同时尽量减小自己的支出。当交易处于危险的境地时，人们会试图结束交易并估算自己已经付出的时间和资金。

人们会止步于自己的权限之下

人们很清楚自己所受的限制，最为普遍的一点就是时间。

人们在不断地进行自我监督和自我判定，和别人相比，对自己总是很苛刻。

"时间就是金钱"这一观点又重新和"时间投入"原则联系了起来，但是人们也会感觉这是一种束缚，如果他们没有足够的时间有效地进行谈判。

另一个限制是你是否有能力投入足够数额的资金进行交易。如果你担心自己无法支付某物，这会阻碍你的谈判进程；如果你的老板授权你以不超过50万元的价格买一栋楼，随后当价格接近或超过50万元时，你的谈判策略就会发生极大的改变。

因此要在每一次谈判中去努力了解对手的谈判权限，利用好这一点并制定好你的策略。

在我们离开谈判心理学这一话题之前，你应该再清楚几个在任何谈判阶段都可以同时运用的手段。

例如：假设你是一名汽车销售，你想让王悦先生买你的汽车。根据"最小投入"原理,你会给王悦大量的能够帮助他作出正确决定而需要知道的信息,这其中包括:销售价格、汽油消耗定额、马力数以及其他厂商的产品的数据,包括标准化数据和可选数据(合理性),从而证明你的汽车是这里面最棒的。

你还会提供500辆限量版(人们总是想要别人想要的东西或是自己得不到的东西)给任何在30天内订购的客户(最后期限综合征)。每一位客户都会收到一份特别的物品(人人都喜欢免费品)。

一旦结合起来运用这些心理谈判法则将会使大部分人愿意支付一个相对较高的价格,如果和不利用这些原则的情况相比的话。当你在下一次交易中谈判的时候,请发挥你的创造力把这些技巧都结合起来。

第七章 优势谈判,抛出选择,引导最终结果

如果你能让自己从一场谈判中平安脱身，无论是暂时的或是永久的，那都说明你的谈判能力很强。但是这并不意味永久的避免谈判是个好主意，除非谈判事务已经到了没有任何希望的地步。

如果确实没有希望继续谈判下去了，那就放弃它转向其他的话题，因为争执和僵局也是产生新的生意的机会，也许对于双方来说是一个更好的生意项目。这对于任何一场谈判都适用。当争执产生时，你的思路越宽广，你的出路就越多。

某品牌男装主理人姜堰和经销商张志华关于该品牌独家销售权的谈判就是一个很好的例子。张志华通过市场合并已成为全国最大的销售商，是该品牌最有可能的生意合伙人。

姜堰试图说服张志华与自己合作，同时在其他地方也开辟一些市场，但是张志华却只想要单独与姜堰合作生意，从而垄断该品牌男装的销售权。

张志华是一个如此大的销售厂家，因此他觉得他可以决定这一切，姜堰应该无条件接受他提出的商品独家销售权。

一般来讲，商家总想有多条销售路线，而不希望只限制于单独的一个零售商。但姜堰在事先并没有计划给任何一个销售商独家销售权。当张志华坚持要求他们的独家销售时，考虑到张志华的购买力，姜堰不得不改变了先前的计划。

姜堰要求张志华满足一些必要的条件，比如提供最少的仓库来放置商品、保证商品的广告费用、在每个商场都提供一些必要的展览柜台。放置商品所需空间的大小以及商品在各个商场的放置地点都是重要的谈判讨论话题。

他们想要得到张志华关于商场大小、销售时间以及他们商品推销力度大小的一些许诺。张志华却总是回避这些问题，并且强调说那是有关专家的事情，说是让姜堰应该信任他们，而不需要亲自讨论这些内容。

张志华的这种消极态度是他们谈判的主要障碍，姜堰知道，在谈判事务中，有时候你不得不跟着自己直觉走。

于是，他亲自与商品的销售规划经理和张志华总裁进行了磋商和谈判。最后，他确信产品将获得更多的销售量，于是他也就放弃了许多销售规划管理权。

于是双方都得到了满意的谈判结果，虽然双方起初的打算都改变了，但仍接受了新的条件。姜堰在谈判中非常灵活机动，他认识到允许张志华的独家销售权能够给予他以前得不到的很多利益。张志华也发现了合作的潜在价值，从而在谈判中做出了以前从没有过的许多让步。

在任何一场谈判中，一些障碍总是不可避免的，有人也许会给谈判下一个底线："必须这样做，否则就免谈。"

如果遇到这种情况，你的任务就是寻找双方都能接受的一些谈判条件，使讨论的话题更加灵活，提出一些变通的解决方案。

例如说，他们告诉你要想购买一批机器必须交付10万元，而且没有任何讨价还价的余地，你应该怎么办呢？也许你可以接受这个条件，但是谈判可以延伸到一些支付款项的条件。

如果你提出要在以后的 5 年内分期交付 10 万元会是什么结果呢？除非他们绝对要求马上一次性付款，虽然说这种情况一般不太可能。

所以说你们还有谈判的余地，也许你们可以讨论一下分期付款的利息问题，或许他们会同意降低价格，而要求抽取一些你将来用这批机器所获得的利润，或者是要求获得一些你其他财产的买卖特权，或者是提出一些更加新颖的条件，也许他们会直接无条件降低那 10 万元。

这就是一位优秀的谈判高手为什么在提出一个不可反驳的条件前会再三斟酌的原因。如果他们直接要求立刻付清 10 万元，而你只想支付 8 万元，那么谈判就会陷入僵局，直到其中一方提出一些可以变通的谈判条件。

你的对手也许会说："我要求 10 万元，但我并不要求立刻一次性付清，我允许你在 3 年内付清。"

在此基础上就会出现更多新的谈判话题，所以你就可以问他："为什么是 3 年呢？如果你的要求是 5 年内付清，你可以获得更多的利息，而且我们的贷款也是很安全的。如果你需要，我们可以给你提供这批机器有效的留置权，从而减少你的投资风险。"

当你在谈判中发现你的对手在封闭他的思路时，也就是在不停地打断你、失去耐心、提高声音时，你就必须想办法让他冷静下来。

你的目的就是提出一些灵活变通的谈判条件，能够让他听你所说的，他也许就会做出新的答复。

为了降低你们谈判的激烈程度，对于你对手越来越高的争论声，你所需要做的是降低自己的声音分贝，这可以让你的对手更加专心认真的听你所说的。

如果你平静地说："请听我说一句，我觉得你会喜欢我的提议的。"也许这样会更有用。

如果你能够让他安静的听你所说的，对你双方的谈判都将有好处。随着谈判的继续，这就说明你们双方都开始灵活变通了，这也正是一些艰苦的谈判最终能够得出满意结果的原因。

如果谈判确实陷入僵局无法解决时，那么你可以建议找第三方帮助协调。通常你可以找一个中立的第三方来帮助解决你们遇到的障碍，而且他们总是能够提出一些非常简单明了的办法，谈判双方也会吃惊为什么自己却想不到这些。

这是由于人潜意识中的利己主义在作怪，或者是由于谈判双方都过于在乎谈判的结果而忽略了一些细节。

俗话说，旁观者清，当局者迷，就是这个道理。

所谓灵活变通，其许多方面的内容都值得我们讨论。

首先要记住3点：谈判底线的确定、谈判的灵活变通、与谈判底线的表面对立，你也许会发现陈历经常提出一些你有可能会做的事。

正如开始的时候所讲的，谈判中最困难，也是最有趣的事就是绝对没有一个所谓绝对正确或者是错误的解决谈判问题的方法。

谈判中遇到的问题并不像人的病症那样可以用一些确定的药

物进行治疗，在每一个复杂的谈判中总会出现这样或那样的阻碍与困难。如果碰到这些难题，试着从其他角度思考直到你找出你所需要的答复。如果在读完这本书后，你觉得你已经掌握了所有谈判中问题的答案，那么你再重新梳理一下思路。

只要你跟随本书所引导的谈判思路走，你就可以从每一场谈判中学到一些宝贵的经验，总有一天你会发现你已经成为了所有谈判高手的噩梦。

从多方面确定谈判底线

在确定底线时，人们大多首先考虑到资金条件。

有时考虑到为了能获得一些长期利益，从而做出一些相等价值的让步。绝大部分人总是集中注意力于单纯的利润收入，你能够获得多少钱的收入或者是该生意将花费你多少资金。这样的人目光是非常短浅的。

从各个方面审视价格底线。

事先确定的价格底线总是高于谈判一方付给另一方的价格，而且常常超出很多。所以在确定底线时，你不但要考虑到价格问题，还要注意附带的财政和付款条件、其他的附加条件以及你付出和收益的内在联系。这就是谈判问题的关键，同时也是谈判双方意见达成一致的最大障碍。

底线的确定应该从多方面出发。

例如，大部分人在购买住房时，本该讨论交易所包含的各个条件，而他们常常花费大量精力于价格的确定。该住房周围的环境如何？各个家电都能正常使用吗？墙角有没有漏洞？各个电器、地毯以及家具都齐全吗？这些问题的答案对于谈判中价格底线的确定都是很有帮助的。

利用市场优势完善谈判底线

在谈判中，你可以通过做一些额外的让步来获得更多的价格优惠。

市场的灵活变通性极大，在众多交易中，灵活变通的影响力是如此之大，以至于它能够影响谈判各个事项而不单单是价格。当你想要出售或者购买一些资产时，在谈判中一定要注意分析交易所处的局面与谈判的形势。

注意在所有谈判中你是否都做到了推销自己？你是否已经将自己的想法真正展示给了对方？包括你的谈判条件、你的谈判热情程度以及和你交易对方能获得的利益。这在谈判中是非常重要的，任何时刻都不能忽略，因为谈判中的每一个阶段都是在交易。

学会放长线，钓大鱼

许多人在谈判中常常目光短浅，考虑问题不够深入，这就导致他们在谈判中不能够更好地灵活变通。

比如说，如果你的对手提出一个交易价格，那么你也许可以眼光长远一些，放弃眼前的一些利益，满足他的要求，从而获得可以在未来获利更多的交易条件，比如说未来再次进行合作交易的优先权利。

大部分人总是目光不够长远，盯着眼前的利益不放。你可以通过放弃一些短时期利益，比如现金或者满足对方的定价来获得更多长远利益。如果需要的话，在一个和谐友好的交易环境下，获得未来的交易优先权常常比争得一些短时期利益要更有价值。

把灵活变通当作战略工具来运用

在谈判中灵活变通常常被当作是个坏主意。一些人认为在谈判中显示任何犹豫和变通是软弱的表现，这种貌似正常的道理就是对谈判的典型误导。

灵活变通对你的谈判是非常有益的。当你们的意见冲突时，尽可能想办法和解，或者你可以建议从另一个角度来解决问题，这也表明你是一个成熟的谈判家。

在一个不可改变的僵局中仍然拒绝改变自己意见是一个彻底失败的谈判家的表现，因为他不懂得寻求新的解决办法从而更好地进行交易，任何一个在僵局中拒绝改变的谈判者都不懂得如何在交易事务中更好地脱离困境。

灵活变通也有不同

你在一个小方面进行灵活变通的处理，并不意味着你在大的谈判路线上也将作出让步。你要懂得区分小的谈判议题和总的议题，英明的策略就是在整个谈判中，对于小的谈判议题做出适当让步——但是仅仅是小的议题。

当重要的议题被提出时，就到了你要求对手回报的时候了，你可以说："我已经几乎满足了你所有的要求。现在该你做出一些让步了。这样才公平。"

这个战略是非常有用的，因为你在小的方面做出一系列勉强的让步，然后坚持要求对手也同样做出一些让步。运用这种策略的一种方法就是控制你们的议题，草拟一份你认为会出现的议题，然后先把你可以做出让步的议题总结出来，当然，必须是一些无关紧要的小议题。

你可以和对手很快完成这些议题的谈判，然后让对手赢得大部分，当你们面对主要议题时，你对于那些小问题的灵活变通就会变成强大的优势。

这也引出另一个重要的谈判技巧，要时刻明了谈判议题以及对手的解决策略。一名优秀的谈判家同样也是一名优秀的记录员，这样做有两个目的。

第一，这对于你解决重要议题是非常有用的。

第二，它在谈判中能够帮助你核实查证相关的议题。

在一个长期谈判中，你可以定期写一些便笺或者记一些备忘录。当到了签订合同、契约的时候，你那些详细的记录可以帮助你掌握所有的谈判事项和议题。当然，你必须主动起草相关的合同和契约，因为正如陈历前面所说的，掌握相关的文件制定权是非常有利的。

有关灵活变通的策略

你要知道你的谈判议题只是所有谈判项目的一部分，而在你解决谈判遇到的争执以及你得出最终的应对方案的过程中仍会遇到许多阻碍。

这些策略的使用可以让对手认为你是一个灵活变通的人，而事实上，完成这些谈判议题所用的方法一般是比较简单的。

其中一个策略就是讨论先前的一个议题——放弃它并且在小的方面做出一定让步。这对于谈判议程的控制和最终谈判的结果都是一个很好的技巧。

另一个谈判策略就是提出一个你知道对手一般不会接受或者很难接受的谈判议题，故意与对手建立严重的分歧。你要做出努力想要赢得这个谈判项目的姿态，但是最终你放弃它，然后提出了另一个条件。

而事实上你提出的第二个议题才是你真正想要的，但是你的对手并不知道，与第一个议题相比，第二个议题是相对缓和的，所以你的对手会比较乐意接受第二个议题而不会做出太多抵抗。

这个主意——提出一个难接受的议题只是为了引出你真正想要的第二个议题——有时被称作"欲擒故纵"策略，这个策略正是相对论的最好应用。

你的对手也许会说："我接受第二个议题是因为第一个议题实在令我无法接受。"

当然，还有一种可能性，那就是你的两个提议都没有被接受，那么在这个时候，你最好把它们都放弃。这样可以增加你做出的让步程度，在接下来遇到其他重要的谈判项目时，你会有更多的优势。

知道自己谈判的潜在目的

在每一场谈判前，试着先问一问自己下面的这些问题："我进行这场谈判的目的是什么？从这场谈判中我想要得到什么？我是想从谈判过程中得到兴奋的感觉吗？我是想多赚一些钱从而能够早点退休吗？这场谈判能证明我是一个独立自主的人吗？"

每一个人都有他最基本的目的，但你不能认为所有人的想法都是一样的。总有一些人有着你琢磨不透或者意想不到的潜在的目的。很多人喜欢集中注意力于对金钱的追求，因为金钱能够给予他们一些实在的东西，然而事实上，他们也许根本不知道自己真正的潜在目的。

比如说，一些人想要当一名出色的谈判高手，从而得到人们的尊敬。他们在谈判中真正想得到的是人们的认可，如果你能够确认出对手这种潜在的谈判目的，你就可以在谈判中充分利用这一点。

你可以这样很和蔼的跟对方说："我对这笔交易很感兴趣，因为和你一样，我认为我自己也是个出色的投资商。当我碰到一笔生意时，我能够确认它的价值和发展前景。当你几年前买入这项资产时，它并不像现在这样值钱，但我知道你也是一个很有远见的人，能够判断出这项资产将会增值，不过我认为你好像有些高估了它现在的价值。"

这种陈述对于你来说没有任何损失。一个想要成为出色谈判家的人非常乐意接受你的这种奉承，接着谈判就可能向你期望的方向发展，对手很可能会接受你提出的价格。

进行一场谈判仅有一个目的是绝对不够的。

如果你仅有一个目标，在谈判中你就很容易遇到意想不到的困难。复杂多变的谈判情况常常是你之前预测不到的，但是你可以根据可能发生的各种谈判结果来制定一些适合你自己的谈判目标。

相反的，当你在谈判期间提出一些有创造性的解决方案时，你的对手也会发现它们很有吸引力，特别是当他们不知道你的提议是预先想好的时候。这会令你的对手很高兴，因为它表明你是在帮助他们实现他们的谈判目的。

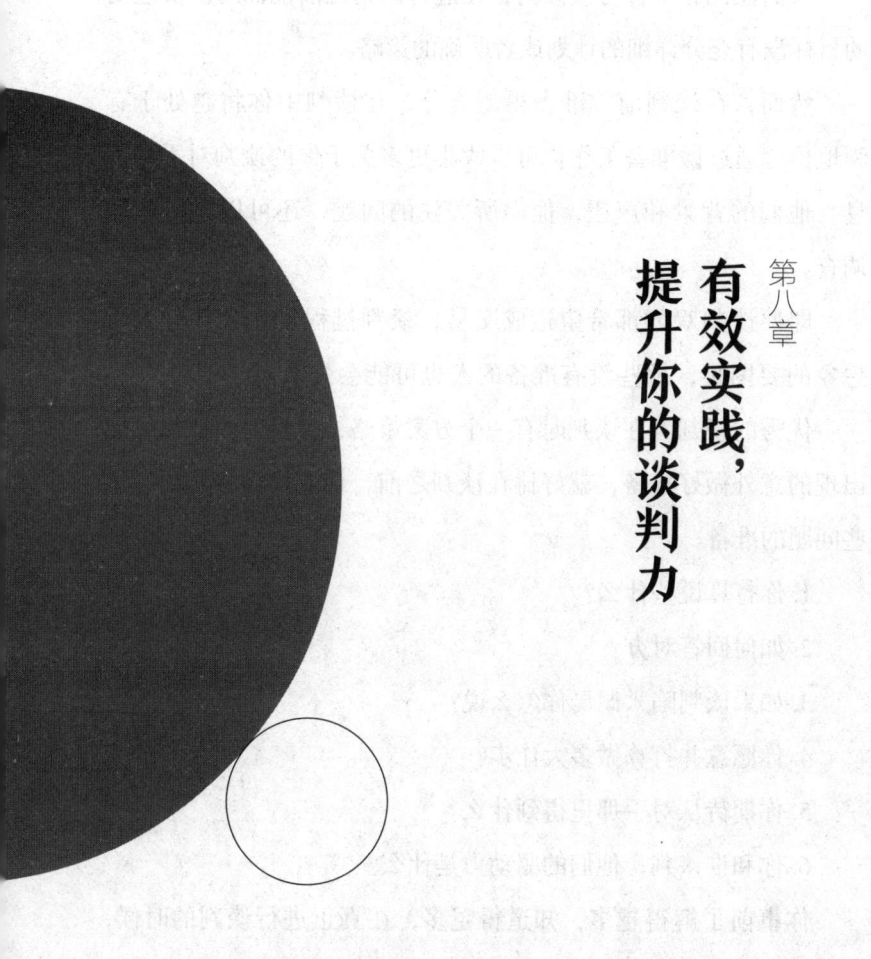

第八章

有效实践，提升你的谈判力

人们往往有一种习惯倾向，在进行谈判之前他们对所要达到的目标没有充分详细的计划或者明确的策略。

然而，在谈判前你准备得越充分，在谈判中你将越处于有利地位。通过做准备工作你可以收集更多关于你的谈判对手的信息，他们的背景和声望，他们所关注的问题，还可以进行市场调查。

即便谈判双方都希望达成交易，谈判过程也比大部分人所想象的要困难，那些没有准备的人也可能会失败。

优秀的谈判者在谈判时有一个方案策略，并且对于任何可能出现的意外做好准备，就好比在谈判之前，你应该做好先回答这些问题的准备。

1. 你打算说些什么？
2. 如何回答对方？
3. 如果谈判陷入僵局你怎么说？
4. 你愿意并打算做多大让步？
5. 你期待从对手那里得到什么？
6. 你和谁谈判，他们的驱动力是什么？

你事前了解得越多，知道得越多，在真正进行谈判的时候，你对最终结果就拥有更大的控制权。控制，当然就是意味着运用任何可行的方法途径从而在谈判中获得你所期待的。

这就像你在谈判时有可以围绕其展开的蓝图或主线，可能进展并不像你想象的那样，但是如果你以一幅蓝图开始，从谈判一开始你就将有条有理，你通过细致准备而获得的有利地位将由于对手的准备不足而放大。

谈判之前，做好充分准备

通过有条不紊的语言你会在谈判中获得你所需的主动权，考虑到很多人没有充分准备就匆忙进行谈判，这并不像想象的那么难。

人们习惯把问题简单化，他们往往把谈判重点放在价格和时间，还有其他一些微不足道的方面，但在谈判中还有一些更重要的事情值得关注。下面列举了一些在进行谈判准备，组织你的信息时需要牢记在心的一些方面。

做足功课，深挖信息

进入正式谈判前，你应该首先知道你的谈判对手是谁。他们的背景如何？他们有什么业绩，这些能告诉你什么？是否有人同他们打过交道，从中你又能得到什么？他们的声誉如何？同他打过交道的人对他有没有不满或抱怨？

所有能给你关于你的谈判对手的一些提示，不管他是多么的微不足道，对你都会是有帮助的。谈判主要涉及价格、期限、财政，有关或无关的其他一些事情，但必须在谈判中进行处理的方面。

所以如果你了解对手以及他们的动机,并假设他们对你知之甚少,你越有可能在谈判中获胜,知道对手的信息越多,你取得成功的可能性越大。

你可以从多种渠道获得关于你的谈判对手的信息,向知道或者与其打过交道的人询问;拿起电话,试着向你认识的人打听打听:"请问你对这个人有什么看法?我可以信任他吗?同他谈判,最好采取哪种方式?"

你也可以上网查询,当然,前提是你必须可以在百度上搜到有关他的信息,如果可以,那么你就能够从中看看你能不能获得一些信息。

还和他的谈判伙伴谈谈,看看他们了解多少,在一些谈判中,你还可以事先和向那些决策者报告谈判结果的人谈谈,例如会计、律师或者其他相关人员,和他们交流,从他们口中套出关于老板的一些信息。他怎么作决定的?他是迅速还是缓慢作出决定?在决定前,他需要别人的认可吗?

当然,你应该巧妙而迂回地提出这些问题,以一种友善的方式得到你所需的信息,而不会令人厌恶,看起来像好管闲事的人一样。

明确双方的谈判准则

在你进行谈判时,你首先确定哪些能够给对手留下积极的印象,从而利用这点让他们同意你的观点。

所有的谈判都是一项推销工作，为达到这点，你必须投入时间和经历，来使你的想法成为现实，确定对手为什么相信你的论据是正确的，确定为什么对手应该同意。

你还必须做好准备，使你的观点公平合理，如果你能让你的对手同样相信这是公平合理的，那么你的谈判规则就算奏效了，所有人对结果都会很满意。

文字材料是重中之重

有很多人在谈判时，经常两手空空却又偏偏急不可耐，这是一个大的失误，因为在谈判时文字材料是非常重要的。

牢记"披着合理合法化外衣的陷阱"理论，那些真实可行的想法必须建立在可看可读的基础上，必须成为书面的东西，成为切实可信的东西。

如果你拿出空白的文件，并且告诉对方，这就是我们经常使用的，久而久之，习惯成自然。如果你起草一份书面材料——当然是对你自己有利的——一份打印的文件而不是简单的口头阐述，这样你的想法将更容易让人接受和信服。比起你的谈判对手来，那些只带着标准纸簿和钢笔的人，你的胜算更大一些。

带着任何支持你的观点和有助于实现你的目标的任何文字材料去进行谈判。

例如，我们要去家具店买全套家具，那么当我们走进一家价格比较高的店家时，我们就应该带上一些要价便宜的商家的广告。我们应该拿着这些文字材料，去问那些销售人员为什么他们的要价高，这会给那些销售人员压力，迫使他们调整价格或者给出合理的解释。

此时，我们就立刻占据了主动地位，因为在大多数情况下，商家只有自己的价格而没有比较其他商家的价格，或者比较一下它们之间产品的优缺点，虽然他们对事实情况都很了解。但如果我们有这些商家的文字材料，就将很容易维护属于自己的利益。

工作笔记要清晰明了

有两种记录方式，每种都是屡试不爽的可以快速查阅的可靠方法。

我们可以把它叫作记流水账。把所有的事情记录下来，记录谁打了电话给我们，我们又给谁打了电话，电话里都谈了些什么，诸如此类的事情。

我们可以把记录好的流水账当作自己的工作圣经，随身携带着它们，时刻记录下自己的一言一行和别人的反应。在这种情况下，如果对方赖账，我们便可以有据可查了。

如果你也这么去做了，你就会发现这其实相当简单，你的流水账可以记在记事本上、索引卡片上、电脑上、掌上秘书上，但是他们必须按照一定顺序归档，以便你可以随时迅速地查找有用信息。不管是叫流水账还是工作笔记，他们都是非常有用的工具，它们必须时刻保持更新，接下来让我们一起看一些记载特殊事务的笔记。

明白工作笔记的重要性

建立一份高效的工作笔记的重点是详细记录每一件事情，记下你为谈判作的计划、电话号码和地址、相关信息的每一个细节。遵循这些规则，你所需的所有资料都将在一起，你必须牢记，你的工作笔记记录越详细，作为谈判代表你的把握就越大。

事例

编号：#2001-102

客户：严汐

事件：某市十字街 28 层租约第 19 次

承租人：张毅合

客户律师：王建钟

邮编：100000

电话：2345678

传真：3567890

经纪人：刘霓

电话：3333333

传真：5555555

地址：某市商业大街 100 号 邮编 100000

租约期限：见 2006 年 4 月 26 号经纪人附件

采取步骤

5.1 准备草约并给对方两份。

5.6 得到对方的答复，再进行考虑。

5.7 研究对方的回复，需讨论问题。

希望续约 20 年，但只同意 10 年。

将 4 个月免租延长到 6 个月（可以更改）。

承租人的经济状况需要担保（让首席财务官办公室审核财政情况）。

5.8 重新起草租约，并给对方过目，附上拒绝的条款。

5.9 对方说还可以商讨，在我办公室 5 月 10 日下午两点会面。

5.10 与对方会面，轻松解决 20 年租约问题，我建议 10 年租约，10 年选择权。担保问题解决，建在首席财务官的报告上，我们确立 3 个月的担保，其他问题也已经解决。

5.11 对方打电话说客户同意条件，要求签订法律合同。

5.12 递交最终合同并要求尽快做出答复，汇款并执行。

5.13 收到和约和支票，准备合同摘要递交董事局，得到批准和签字。租约签订，副本递交并给予对方感谢。

这份事例反映了相对简单的处理事情的方法。如何交易及几次会议、什么日期、举办地点、与会人员都必须记录下来。所有尚待解决的问题和可能的解决途径必须都记录下来。

详细的工作笔记需要耗费大量的时间和精力，但如果养成了这个习惯你可以游刃有余地去做任何事情。如果例子中这种谈判发生，你可以准确地从停顿的地方开始而不会遗漏什么东西。在交易中，虽然表面千变万化，但还是有相同之处的。

不管你的记忆力有多好，工作看起来却都一样，甚至还可能弄混，这样会很糟糕。如果没有科学地做工作笔记，那么就算是谈判高手也将会陷入绝望而无能为力。

通过工作笔记记录交易重点

你应该使工作笔记拥有谈判重点表的功能，这些重点包括需要同意的内容和还没有解决的问题。这将有助于你随时跟踪谈判进程，如果工作有很多的小方面，没有工作笔记就会漏掉一些。

你也可以检验对方提出的事实。

例如，如果卖房的人说他给房子加了个新顶，你可以先把这个记下来，日后去实地考察一下。可能有许许多多这样的事情你需要去验证，你把这些事情列在待办的事情里，当事情完成时你可以去核对。

将双方诉求列表呈现

记录卡是很有用的，所以谈判高手做了一个并排的条目表，上面记录讨论过或者尚未讨论的问题，并总结谈判双方的差别。他把这个叫作"我方—对方"列表。通过这个，他可以看出两方面的分歧，从而区分这些需要解决的分歧的先后次序，哪一个需要尽快解决，哪一个会使谈判中断，哪一个需要进一步的讨论，或者需要妥协。

例如，你希望在6个月内结束一桩生意，而对方希望在30天内解决它，在最终达成谈判合同前，这是潜在的一个非常大的分歧。对于我方和对方，这都是需要优先解决的方面。

如果你的列表足够全面广泛，这将会使分歧很少并且都在掌控之中。

一个看似无法解决的分歧也可以通过这种方法化解，并得到很好的处理。在谈判的过程中，你们可以讨论列表中的问题并向对方询问意见。你们所期待的是这样的吗？我们完全解决了这个分歧没有？

处于论据方面的考虑，对方已经对你们所列出的所有问题进行了讨论，双方也达成了一致，但是不久之后，他们又提出了新的问题。当谈判对手试图扭转谈判局面时，这种情况是很可能发生的。

"我方—对方"列表对于这种情况无能为力，你可能会说："等一等，我想这方面我们已经谈好并已经记录下来了，这些条款又从何而来？"你的论据可能站不住脚，但至少他们不得不对他们的新立场进行解释，并为这样做法感到难堪。

对手可能忽略了几个小的方面，但要紧的是交易中所有尚待解决的具体问题必须记录在列表上，日后这将使对方很难再提出新的立场或观点。

列表中的关键问题是"如果我们解决了可能出现的所有问题，交易一定能成功吗"，答案如果是否定的，接下来就要查找遗漏的环节；答案如果是肯定的，挑出你想讨论的条款，确立谈判过程。

愿望清单

愿望清单是你所期冀达到的理想目标的概要，而不是已经发生或正在发生的事情。

一宗交易如果你希望 6 个月内进行，而他们希望 30 天，那你们之间就出现了需要解决的难题。了解到这个，你可能会在愿望书上写道："或许我可以多付首期，让他们延长到 4 个月。"

这一招对在交易中出现的你希望能够通过谈判解决的任何问题都有效。

你不一定能够完全达到目标，但如果你的条款没有通过，你仍可以得到退保金额,所以愿望书,对于区分需要额外谈判的合同条款的优先次序还是很有用的。

谈判后及时复盘总结

你必须知道谈判都有谁参加,他们的角色和职位高低,还有他们在交易中能得到什么。未知随行人员是参加谈判你却不知道他们是谁,以及他们在谈判中将扮演什么角色的人。很有可能他就是那位最终拍板的人,如果这样的话,你应该主要针对这个人展开你的进攻。

假设这样一个场景,一个人走了进来。你试图判断他的身份,但又不能太唐突。那么你就可以这样说:"认识您很高兴!您在公司里是负责哪方面的?您在谈判中负责哪方面?"

如果他告诉你他仅仅是提供建议,那么你现在可以知道他的身份。

接下来你可以继续问道:"啊,您是顾问呀!冒昧的请问一下,您的技术专长是什么啊?您应该参加过很多次像这样的谈判吧?"

你可以用这种感兴趣并且还很友好的方式得到你想要的信息。

再例如,这个人如果告诉你他只是过来看看,希望你不要让他们的预算超支的话。这就告诉了你这个人是财政顾问。那么你就可以这么问:"请问是您在做预算还是别的人在做?你们一般都是怎么确立所有项目的呢?"

你现在知道有关财政方面的问题了，那么你就应该与这个人进行争论，当然，你也可能猜到对方的底价。除了记住这个人在谈判中的角色外，不管是谈判对手还是谈判伙伴，有关他们的我了解的所有事情你都可以记下来。

如果我方有人急于回答，你就应该及时的限制他发言，没有你的允许，他就不能给出任何观点。如果有人想卖弄技巧，你就需要让他知道他只是团队里的一员，而你才是教练，是你在掌握着比赛进程。

你也需要把对手的性格特征记录下来，你可以假定他们的律师在那里只是给出法律建议，而不是商业建议，当然，在谈判进行中你必须检验这一点。

谈判目的

谈判的目的是什么？

确立你心中目标的标准，也就是说，在会议中它是切实可行、能够实现的。

假设是我们要去买房，如果我们和卖房的人是第一次见面，那么我们就会打算买下来吗？当然不会，这只是试探性的。

我们只是想看看它是否能够吸引自己继续下去，他现在只是想有个大概的了解。

所以我们只是在确认自己是否在和一个诚实的人打交道，一个他可以相信并且觉得容易相处的人打交道，这对我们而言，是一个值得做的目标。

我们当然不会告诉卖主今天我们就会签订购房合同,因为我们需要冷静处理而不是急急忙忙就签合同。

如果说,我们急急忙忙就把合同给签了,那说明你这笔交易可能并不是最好的结果。

我们应该会继续进行,为了继续谈判,我们要说自己很希望买下这所房子。这只是为了继续进行谈判,因为我们的目的并不是真的要买房。如果再进一步接触中我们和这个人打交道有问题,那么我们就应该停下来,不再和那人见面或者向他买房。现在考虑一下如果我们当初没有一个明确的目标就去谈判,而是像通常很多人做的那样,在那种情况下,什么都有可能发生。

谈判策略

你应该事先确定你要使用哪种策略。

策略就是关于你的形象、行为、风度、观点、积极、厌烦、热情。

在气氛很热烈的情况下,你不能表现得不温不火。你应该这样说:"我会给出高于在场的所有人给出的价钱。"

实际上,你可能不会这样做,但那是一种技巧,从而吸引别人的注意力。你知道会有好几份免费的建议,你必须做出很感兴趣的样子,实际上,你不会出高价钱,但只要你还在进行谈判,你在表面就得看起来是最认真的一个。

另外一个策略就是人们通常说的"红白脸"。也就是在谈判时，有的成员看起来积极合作，而另一个坚决反对。

一个有效的手段就是在谈判的不同阶段转换不同的角色。在这种情况下，另外一方就会搞不清楚谁才是最终拍板的人，一个好的谈判代表的显著特点就是让人捉摸不透，这就迷惑了对方，让他们找不出好的方法来应对。

两个人可以扮的另外角色就是一个人不停地说，而另一个只不过是一个记录员，尤其是在涉及金钱的情况下，谈判代表可以带些这样的人。

谈判技巧

技巧涉及谁来做决定和如何执行既定策略。

谁是说话的人？谁是记录员？谁演红脸谁演白脸？你应该提前确定你的技巧。

假设一对夫妇打算使用红脸白脸的策略，让我们看看如何使用技巧来达成这样一个策略。

妻子很欣悦的说道："这正是我所期待的房子，我可以想象我住在这里生活是多么幸福！"

丈夫却表现得很不耐烦，"我并不认为它有那么好，这房子的价格实在是太贵了，与我们期望的价格相差太多，我买不起。"

于是就会出现两个完全不同的反响：妻子听起来对买这幢房子很热心，而丈夫却不是那么喜欢，甚至觉得无法接受。

那么在这个时候，卖主或者卖主的代理人立刻知道该去说服谁了。

代理人将会将重点放在丈夫身上，为了打动固执的丈夫，代理人可能做出一些让步，比如说在价钱上、借款手续费上或者物业管理费上，还可能会另外附加家电或者家具。

代理人会想出无穷尽的优惠来促成这场交易，在这种情况下，丈夫如果继续在大部分时间表现出对这个房子各方面的不满，那么这很可能让交易对自己更有利，从而获得更大的让步，这可比直接砍价强得多。

同一方的两个人相互拆台会起到杠杆作用，从而对自己有利，但他们必须干得非常漂亮，否则如果他们走得太过极端，把对方玩得太过火，谈判会每况愈下，甚至崩盘。

谈判后马上总结

每次谈判会议或打完电话后，你应该立刻和你方的人员研究谈判的进展情况。当谈判过程在每个人的脑海里还很清晰时，马上做这些事情。

在你的工作笔记上记录哪些已经谈过，记录下发生的所有事情，还有勾出你认为很重要的方面。又有什么新情况发生？谈判立场发生了怎样的改变？他们为什么改变？无论你在何种压力下，你的记忆会越来越淡，记忆中的在谈判过程中发生的事情将会被彻底遗忘。

在一遍又一遍地处理相似的情况时及时回顾更重要，如果你没有记录你已经进展到哪里，你将会乱成一团麻，甚至出错。

在回顾过程中，要反问你自己以下问题。

目标达到没有？如果没达到目标，原因是什么？为什么我们最终没有得到我们期待的东西？俗话说："所有的终点都是目的地。"提前确立你的目标，将为你日后的行动立下了准绳，如果你没有达到目标，你也可以从中有所得，下次进行改进。

哪一方面做得好，哪一方面有欠缺？哪一个环节出了差错？哪方面我做得有用，哪方面没用？我还可以怎么做从而达到一个更好的目标？在接下来的那一次会面中我们应该怎么做？时间表是否按照我的掌握进行的？吃一堑，长一智，利用你得到的经验教训避免在下次谈判中再次发生相同的失误。

不论对于想提高谈判水平，还是在生活中，这种自我分析对于追求上进的人是非常重要的。和参加谈判会议的你的同伴谈论，了解他们不同于你的观点，如果听了对方的一些言论，你有些慌张，有失风度，你应该接受批评，下次改正，不再让相同的事情出现第二次。

你应该怎样修改你当初的期望？每次谈判前你都应该有个明确的期望，但必须准备在每次会议结束后修正它或者摒弃它，你参加谈判前有一个想法，结束后你又有了一个想法。

例如，某人要进行一次采购，假设在采购价格上双方还有回旋的余地，价格可能会降下来。但是他发现对方给出价格后不想再对之进行讨论，如果卖主的理由充足可信，那么他对价格的期望就必须修订。如果他遇到新的形势，那么他就得有新的期望。

牢记，期望不是事实，它们只是一个信念，它们只是一个起点，为了使谈判能够进行下去，你会有很多不同的期望。但当得到补充信息，你得乐意修改你的期望，最不妙的事就是你一直坚持你的错的期望。

不同阶段，期望有不同的要求，如果你想成为一名高效的王刚风格的谈判代表，你就必须懂得通融，随着信息的变化而改变期望。

你应该怎样为下次谈判确定日期和时间？

如果卖方对你说："我希望在3天内签约要不我就找其他买家"，你必须推断出为什么他们急于交易或者他们是不是只是在向你施压。

接下来怎么做？

如果你接受这个期限，你必须如期结束谈判，但你也可以利用这个机会。

你可以这样回答他："大哥，没有人比我的速度更快了，况且，我有足够的钱，在银行还有很多存款，我甚至还可以贷款给你们付现金，如果你真的那么急的话，我今天就可以准备一份合同让你过目。"

无论如何，你都可以把它变成你的优势。

显然卖主是希望快点进行交易,你可以利用这一点,按照对你最有利的方式来写合约,将3天期限的压力转化为你起草所有文件的机会。

怎样处理你的记录?

在任何会议上的记录你都应该保存在档案上,也可以记在工作笔记上或者电脑中。

你必须随着谈判的进行时时更新你的档案,笔记内容很容易就会被忘掉,几星期后如果你碰到这些没有整理的笔记,你甚至不知道当时都讨论了些什么东西。

你得给笔记标明日期,弄得有条有理,这些都成为你的列表的一部分,记录着你的立足点,你都就什么达成了一致,还有那些有待解决。

要记住,笔记对于赢得任何谈判都至关重要!

任何谈判都会持续很长一段时间,包括在不同时间不同场合的多种多样的会谈,有人把这叫作"分裂组合",意思就是对于不同事情你会有很多意义重大的谈判,但在总体上它们之间是相互影响的。

会谈后,整理你的会议详细记录,你需要给对方写个邮件。

在信中,你应该写道:我很高兴我们能够就这些条款上达成一致,这使我对我们能够在不久之后达成最终协议充满信心。

如果对方对达成的条款有异议,他们会立刻回复,但是,如果他们对此毫无疑义,在信中涉及到的任何东西你都得到了默许，这意味着他们赞成这些内容。

如果有异议，那么通过在信中附言，你也可以很好的了解到可能存在的问题。

如果对方日后提出异议，你完全可以说："对于这一条款在数星期前我已致函通知你，如果你认为有问题，在你收到信函后为什么不告诉我？为什么现在才提出来？我们为什么在已经解决的问题上浪费时间？"

按照谈判时特定的时间或者谈判的重点将达成的协议以文件的形式确定下来，它将不可更改，你也可以继续诚心诚意地进行接下来的谈判，这将使对方日后的反悔变得非常困难，也有助于你在谈判中占据主动。

你肯定不打算让对方认为你过于热情，用邮件来进攻他们。这可能促使他们言行谨慎。但是每 3 次或 4 次写一封邮件，总结已经达成的条款，或者尚未达成的条款，这使谈判双方明确了谈判进程。

如果你只是坐等事情进展，任何一方都不能获得谈判的主动权。很少有人会费力以文件的形式整理已经达成的协议，所以以文件的形式整理已经达成的协议将成为很有力并且很重要的工具，通常那些有着谈判详细记录的人会获得谈判的胜利。

第九章
谈判策略：
所有的条件都指向结果

在谈判以外所收集的大量信息常常在谈判过程中起着至关重要的作用。

如果你知道许多对方所不了解的信息，或者比他知道得更多更详尽，或者你得到了他不想透漏给你的信息，这些都将影响整个谈判结果。

在谈判过程中信息的力量是巨大的：获得对手所不希望你得到的重要信息能够帮助你知道许多真实的谈判情况，能够指引你接下来的谈判方向和重点。你一旦发现谈判对方的人员对你有欺骗行为或者对你故意隐藏一些重要信息，你就不能再相信这个人了，同时你应当尽你所能地保护自己。

在谈判过程中，你应当学会运用实际信息和表观信息。它们是非常重要的，之间有一些细小的差别。

实际信息

你所掌握的知识和信息越多，能力越强，你的谈判也将进展得越顺利。一个对谈判话题做出深刻研究，并且坚持不懈努力工作的人一定能够在谈判中赢过对手。一个尽可能多地了解对手一切情况的人也总能在谈判过程中抢占先手。

他知道对手的长处和短处，甚至是对手的生活习惯、学历和事业历程。所有你能搜集的有关对手的信息，即使是一些看似微不足道的东西都是有价值的。

如果一些实际信息的来源错误或者本身就是不准确的，它将是危险的。

比如说你试图在广州市附近买一所住宅，你统计了住宅价格的平均价格，于是便下结论说："广州附近的房屋价格非常低。"

这并不意味着你要在广州市购买的房屋价格也将较低或者说你家附近的房屋价格比较高。这里你所得到的只是一个价格的平均值而已，它不一定适用于你所想要的那所住宅房屋。

如果你认为你所要的房屋价格应该较低，就会在谈判过程中犯不可避免的错误。因为价格还应该看你所处的确切环境而定。

如果你想在某地区卖出一些房产，尽管你认为这些全市性的平均价格是你得到的确切实际的信息，然而事实上它们没有什么实际的意义，只会误导你的判断。

任何一个你所用的统计信息只有建立在不断变换的环境基础上才是准确的、可信的：所谓的环境基础包括你的取材样本、样本的大小，以及你所调查信息的客观性。当你想要得到一些实际信息时，你必须做到足够的谨慎。

你可以从其他多种渠道得到你想要的信息，而不仅仅局限于自己的调查研究。

1. 学会运用你的经验和学识。

千万记住一点：别人对某个市场发表的观点大都是基于平均值的。所以，当你在谈判过程中针对某一个特定的业务，尤其是在处理复杂的市场问题时，运用这些平均值是非常危险的。

如果你确实学识渊博，那么你完全可以信赖自己的经验。

但如果你缺乏所需的经验和学识，你就必须从其他渠道来拓宽自己实际的知识和信息量。你可以运用网络，同时也要学会通过和尽可能多的人交谈来获得信息，再从中筛选出正确的有用的信息。

2. 学会多与专业人员探讨相关事项。在谈判过程中接触到你专业知识以外的内容是不可避免的。这时你就需要请教其他专业人士。这种事情是会经常发生的。人们会与他们的会计师、律师、经济顾问商议相关事项，在必要时，甚至可以请教一些高级的专业研究员。

即使是一名某专业的律师其知识量也是有限的，所以当一些事务超出他们的知识范围时，他们就会与其他律师商议和咨询。

3. 学会与所有能帮助你的同伴交流。许多人在获得信息时常常局限于一个团体、一个搭档和所受理的事务。

然而，你绝不能忽视其他能够帮助扩充你信息量的人们，而且你也不必拘束于所受理的事务，你可以尽可能多地扩充自己的知识量。

同时你也要注意，当你谈判失败时，其原因常常来自于自己这方的人员，而不是对手那方。在谈判前事先预测一下你所能想到的所有可能发生的情况是非常重要的，这会使你在谈判中更加得心应手。

表观信息

表观信息，其含义是比较含蓄微妙的，但它在谈判中所起的作用却相当重要。

如果你的对手从你的名声或者你的言谈中感觉你对某个问题了解很多，他们也许就会得出结论，认为你确实对于此问题非常专业。这就很有可能迫使他们在谈判中舍弃一些应该使用的战术策略和计谋，因为他们感觉这对于"专业"的你不起作用。

基于现实环境以及你灵活反应能力的表观信息会使你在许多方面占据优势，因为它会让你的对手打消许多投机的想法和计划，让你的对手更加尊重你。

比如说，在某个会议上，当轮到你对租购的选择问题发表意见时，你就可以说："对于这个问题我还没有太多的了解，等我过后再研究。"

这时，对手马上就会感觉他们占据优势，尤其是当他们对这个问题研究很专业时。但是如果你说："这种类似的问题我处理过很多，事实上，在我事业生涯中处理的第一个业务就是一个投资商在租购选择上遇到的麻烦。"而这时，对手的心态将会是另一种光景。

有趣的是没有人会对你所说的自己的专业知识质疑。而实际上你在这方面的知识信息量也许非常有限，但是没有人会接着问你:"那个投资商是谁啊?"或者"你一共处理过多少租购选择的事务呀?"相反的,他们对你的推测只会局限于我所说的那些表观信息中,而不会有任何怀疑。

把这些牢记在心,自信地前往会议谈判,它们定会起到巨大的作用。这些也是对人类天性的一种讽刺。

通常,直到有确切的证据出现来反驳人们的一些固有观念时,人们才会开始怀疑。如果你声称自己是某问题的专家,对方一般都会相信你。

有时候,这些表观信息的运用比你所知道的实际信息能起到更大的作用,但是你要注意,如果对手对你所提供的这些信息做了深刻调查,你就会失去自己的可信赖性。

表观信息在谈判中的运用

1. 你不必真的成为谈判中某话题的专家,尤其是当你遇到一些典型的模式性事务时。你对对手的谈判技巧和手段策略比较熟悉,这些比你所知道的实际信息更有价值。

如果你以前处理过某汽车公司的一些事务,那么当你在与其他汽车公司进行谈判时你会更加顺手。因为你已经有过处理类似问题的经验了,同一领域的公司企业在处理事务时一般都有相同的思路。

所以,你作为一名谈判人员,要会运用你的经验知识,同时在你获得的大量信息基础上，和对手进行周旋、谈判，从而获得最大利益。

有时候，在谈判进行到白热化阶段时，一些人所掌握的大量知识以及信息量将起不到任何作用。他们也许将过于聚焦于事实和数据，以至于忽视对手正在使用的计策以及其他一些细节方面。

他们常常会进入盲区，这说明虽然他们对所谈判的话题研究非常深刻，但是缺少谈判经验也是不行的。

所以你必须要记住，有时候懂得运用一些表观信息比你拥有的真实的知识信息量更加重要。

2.在一场谈判中，你可以在类似的情况中运用以往的经验，但同时要注意在这类似的情况中也许会有一些重要的不同点。没有两伙人是完全一样的，同样，每个人对相同环境中相同状况的处理也会有不同的地方。

举个例子：假如谈判高手刘金在过去几年中处理过15个房地产开发商的问题，你是第16个，那么他会很自然地想到你的思路和策略会与前15个有很多相同之处。

刘金会对他自己说："这个策略是以前某个开发商在相同情况下用过的，故技重施的话，或许还可以再次起到作用。"

但是，如果你和他们所处的情况不完全相同会怎么样呢？那么可能会有很多不同的变化，这些都将影响人们在谈判中的反应。

你也许在房地产开发方面比那15个开发商有着更加宽广的

眼界，你也许比刘金有着更加敏锐的直觉。

假定你所了解的这方面的知识和其他那15位一样多，但他仍会多一个心眼，他会时刻关注谈判进展情况。

那15位开发商大多集中注意力于最基本的原则——"我这笔生意能赚多少钱？"

但是刘金也许会更加注意建筑的美观和质量，他想要设计和建造一些独特的建筑。这些信息都告诉刘鑫应该如何转变自己和你谈判的思路。

在以往所有的谈判中，那些开发商不在意房屋建造的地域。他们只想获得最便宜的筑房地盘，能在最短时间内造起所需建筑，有最快的资金周转，从而获得最大利润。

了解了这些后，刘金对于他们的谈判侧重点就会集中于资金和利润。因为他知道这是他们最在意的。只要他们能获得巨大的利润，那么自己在谈判中就可以说服他们在其他一些方面做出一些让步。

通过获得一些表观信息也可以开阔自己的眼界。如果你想成为某谈判问题的专家，那么你应该从各种渠道来获得相关的信息和知识，包括大量的实际信息和表观信息。

如果在谈判讨论时你能够多听对手发表的意见，你也可以扩大自己的知识信息量。因为每一个人都有值得我们学习的地方。只要你坚持虚心学习，你定会在以后的谈判过程中变得更加机灵、敏锐、得心应手。

第十章 强硬策略和应对办法

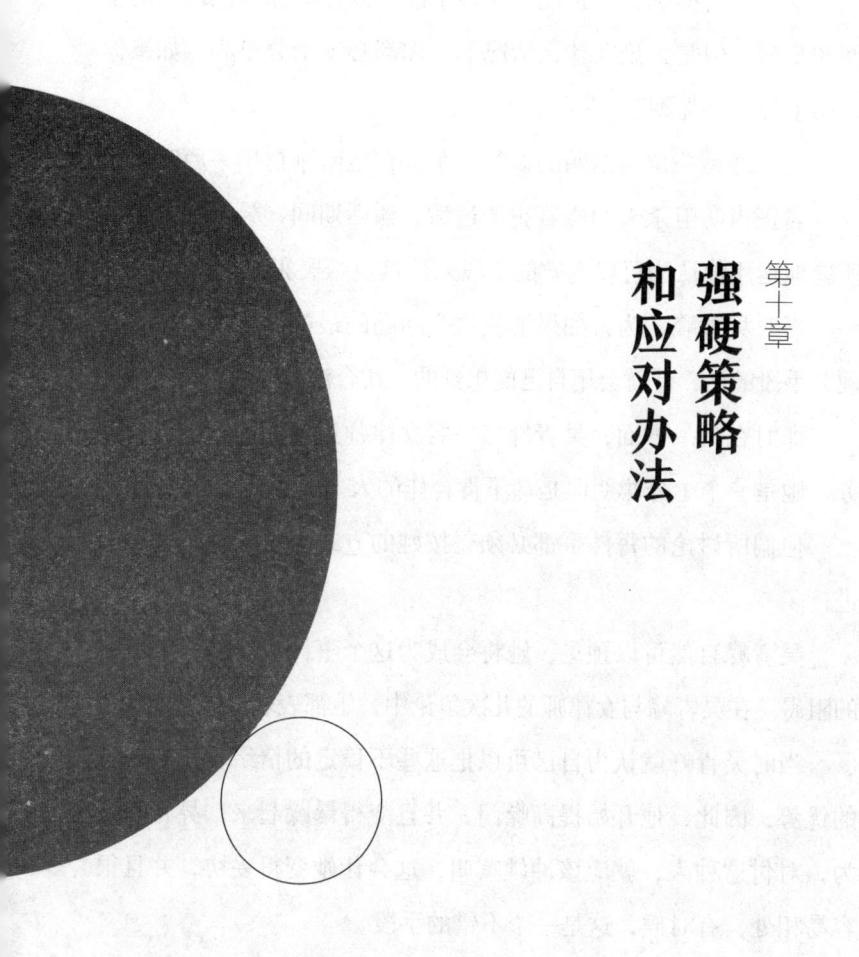

这章中所提到的"强硬"谈判手段可以帮助你掌控谈判的基调和步骤。但是无论在什么情况下，你都必须十分小心，如果你误用了你的"强硬"，它将会适得其反。

吴青峰是一位很精明的谈判高手，在他刚刚初出茅庐时，曾与一名正当防卫杀人的嫌疑犯谈过话，谈话期间，吴青峰尽自己所能地运用他认为可以奏效的手段来让这位嫌疑犯说话。

当时吴青峰认为，如果解决这个问题的最好办法是运用"强硬"手段的话，他就会用自己能想到的一切合法的办法去搞定他。

那时在另一方面，吴青峰与一名女律师正在处理一个借贷事务，她是一个十分聪明但是却不肯合作的人。

他们所讨论的每件事都必须得按她的方式去做，不然就无法进行。

吴青峰自然可以预见，她将会成为这个事件成功的一个最大的阻碍。在吴青峰与女律师的几次争论中，她都表现得非常激动。

当时吴青峰就认为自己可以把这些不稳定的情绪转化为一定的优势，因此，他开始提高嗓门，并且变得暴躁起来，吴青峰认为，对付这种人，就应该冲她喊叫，这会让她变得妥协，并且很容易相处，有时候，这是一个不错的手段。

最后，吴青峰认定如果自己能让这位女士流眼泪的话，那么他就可以让那个当事人答应更换律师了。

想到这，吴青峰用了"强硬"策略并且一直对她施加压力，直到她失声大哭起来。

随后他便跟自己的当事人说，你怎么会期望我与这样的律师讨论？她十分的情绪化以至于她竟然会在讨论中哭泣，在律师事务所一定会有一些比她更加理性的人。

那个当事人当时便同意了吴青峰的观点，果断地更换了那名女律师，而这次更换的人使吴青峰能很容易地跟他合作，事实证明，吴青峰的胁迫手段发挥了作用。

不过，这只是故事的一部分。

其实吴青峰一直都把这个技巧牢记在心里，在那次之后，他又一次与一名当事人讨论。

有趣的是，他的律师也是一名女性。而且那位女士非常的尖刻，很明显她又是一场本应令人愉快的讨论的最大障碍，吴青峰在前一事件中的经历浮现在他的脑海里，于是他决定继续采用这个办法。

"既然我的'强硬'策略在前一名女律师身上很见效，为什么我不再用一次呢？"因此，吴青峰开始故伎重演。

吴青峰开始提高自己的音量，并且越来越高。

但是这位女士马上就低声对他说："吴律师，我们可不可以在外面进行一次私人谈话？"

吴青峰马上回答道："当然可以。"

与此同时吴青峰便在想，她一定是个很好对付的人。

但当吴青峰和她来到走廊里面时，她却很严肃的对吴青峰说："我很确定地知道你正在做什么，但是如果你继续穷追不放的话，我将在你的当事人面前让你出丑。"

毫不置疑地说，这件事集中了吴青峰全部的注意力。

在一个最简单的陈述之后，她打乱了他的计划，并且让吴青峰很确信自己不可能威胁到她。

于是，吴青峰马上就放弃了自己的计策，转而平等对待这位女士。

她也很聪明地没有当着吴青峰当事人的面就公然与他对抗，这使吴青峰没有感受到羞耻和被冒犯，所以她没有迫使吴青峰在其他人面前公开与她发生矛盾。

很明显她的策略起作用了，最后，吴青峰和她一起回到了屋子里面。

接下来他们进行了一次十分友好并且成功的讨论，这次讨论使得双方都得到了相互的尊敬，并取得了双方都可以接受的结果。

第一次经历使吴青峰确信，自己在与女律师对话时，采用强硬的办法可以轻松地取得成功，显然他的这种想法和论断是很不成熟的。

吴青峰真正得到的教训来自他的第二次经历，那一次教会了他关于谈判的很多东西，特别是关于如何和何时才能运用强硬的手段来战胜对手。

有的时候，强硬会产生一些消极的回应，这样可能会使得后面的谈判搁浅。

吴青峰永远都不会忘记那些给他教益的经历。

首先,在不同的场合下不要用同样的手段,即便两个场合非常的相似;其次,不同场合的人是不同的,你需要先摸清对手的底细再决定采取何种行动;再次,一些强硬的手段会在某种程度上产生一些功效,但是他们同样也会让别人感觉到那是不道德的,过于频繁的使用这些手段会严重地影响你的声誉。

最后,每一种强硬的哪怕是他认为十分有效的手段,都有一个与之相反的同样行之有效的办法来应对。

当然,这并不意味着如果你想要成功地进行一次谈判就永远不采用强硬的手段。

提高你的音量可能在某些场合有效,但并不是每次都行之有效,下面还有一些更多的强硬的谈判手段和对策,这些都是陈历这几年的经验之谈。

收缩性恭维,"你能做得更好"

在任意一个谈判中,你很可能遇到这样一种情况,在双方之间具有很明显的隔阂,但是你却不能确定如何让双方达成共识。

这个情况下一个最有效的技巧叫:收缩性恭维。这种手段的美妙之处在于它可以用于你所掌握的情况下,它还可以让你的对手对你做出最大的让步,甚至如果你想尝试更多的要求也可能实现,而且它不会使得谈判搁浅。那样的话收缩性恭维就显得十分的有效。

很简单的一句话：你能做得更好。

例如，假设你正在与一名汽车销售员谈话，你也许会说："我愿意出 12 万元买这部车。"

与此同时，那个销售员就会回答道："这台车要 14 万元，不过我可以去问问经理，看他是否可以做出点优惠。"

你可以千方百计地动用各种手段来把价钱降到你认为可以接受的水平，但是 2 万元确实是一个很大的距离。

可能当这名销售员回来的时候他可能会说："我去请示过我们经理，他说售价是 135000 元，这个价位您可以接受吗？"

这个时候收缩性恭维手段驱使你回答道："我相信你能做得更好。"

那样并不花费你任何东西，而且它还可以为你进一步的谈判留下发挥的空间，对方也许会带回来对你更加有利的东西。

假设这名销售员自己有权利可以将车以 13 万的价钱卖给你，你就可以再次使用这个办法。你可以说："我们已经很接近了，但是你应该还能做得更好。"

你正试着把某些人带到关键的时刻，到时候他们就会说："很明显，这就是我能做到的最好的结果了。"

当那种情况发生的时候，你无需再说一遍："你能做得更好。"因为你已经用尽了你的招数了，当你的对手接近他的低线的时候，你就不得不承认这就是他们所能达到的最大的让步了，这样你就达到目的了。

收缩性恭维是一种一箭双雕的办法：首先，你可以得到一个比较好的结果；其次，当你认为你已经逼得对手走投无路的时候，并且他们也已经宣布投降，这个时候你就得选择不得不接受这个事实，或者是尝试另外的手段，比如制造一个僵局。

但那并不意味着，你在接下来的时间里就不能在同样的交易中继续使用收缩性恭维。在这次特别的讨论中，它已经发挥了它的效用。大部分我列举出来的谈判都包括众多的讨论点——价钱、金融条款、交付日期等等。

这些事情中的每一件都可能通过运用收缩性恭维来得到进一步的解决。

假如经销商同意给你赠送一些其他的优惠服务，那么"你能做得更好"将再次被使用，收缩性恭维是一种让另一方更加努力地工作来找到一个你更加满意的结果的办法。

现在，你知道如何更有效地运用收缩性恭维了，但是当你的对手用同样的办法对付你时，你要如何应对呢？在那样的情况下，你就要用一种相反的手段了。

如果你是处于卖东西的一方，另一方想要对你采取收缩性恭维的手段，你就可以说："我已经提供给您很合理的价位了，真的，这已经是最低最低的价格了，绝没有其他地方的价格比我们这还要低。"

这样你可以继续你们之间的谈判，不过这样一来，你便把压力施加到你的对手身上使其对你的回应做出动作，这要比你改变自己的形式要好得多。

正如其他的手段一样，收缩性恭维可以被双方利用，你的优势就是你很清楚周围的情况，但是对方却并不一定知道。当有人试着用这个办法对付你的时候，那你就勇敢地去挑战吧。

"那就是我能做的全部"

另一种手段是一种十分有效的方式。

我们可以用它来中断我们的谈话或者讨论而不会造成别人的怨恨，当你已经作出最大限度的让步，你就可以这样说："这已经就是我能做的全部，你不得不决定是否接受我的提议，因为我已经尽我最大的努力了。"

这个手段用一个完美的方式为这次谈判画上了圆满的句号。

我们不用再说："你要么接受，要么放弃。"这样会让人觉得你很不友好，甚至是带有一点侵略性。

在划清界限的时候你成为一个很受欢迎的人，这样你就可以在那时让他更进一步地妥协。这个手段给你最初的印象是，这样的事情将不会再发生了，除非你的对手投降，但是如果你执意想要做得更好，这样可以恢复你对手的信心，那样的话谈判将仍有可能继续。

你正试着要唤起另一方注意的是他们对你谈判中所做出努力

的同情心。

你可以这样解释:"我已经完成了我所能够完成的所有的事情,但是在这里我不得不停下来,我真的已经尽力了。"

这样就会让你的对手产生一种内疚感,他们就会考虑是否用某种方式向你道歉,这就会使得他们不能同你一起完成这项工作。

如果其他人也想用"这就是我所能做的全部"这种办法来对付你,这有一个非常好的反击办法:你可以检验他们所说的底线。

例如,你可以这样问:"那是不是意味着无论什么情况下你们在这个公开的问题上都不会与我达成一致了?你是不是说过你没有权力或者是你还没有作最后的决定?"

当你检验对方的底线时候,你们很容易产生分裂,因此如果有人跟你说他不能再做任何事了,那说明他还没有竭尽全力,你可以问他一些关键问题来挑战他的论断。

当他持一种强硬立场的时候,你可能会十分愤怒,因为你所花费的时间看起来全部是一种浪费。

最后你可能做的就是解释一下他为什么不能再做任何事了。顺便说一下,在你进一步探测的时候,你可能发现谁是拥有最终决定权的人,并且把他带入谈判之中。

下面我们回到前面提到的汽车销售员的例子,即便他的老板,也就是销售部经理告诉你汽车的价钱就是 14 万元,那就是那辆汽车的最低价。

那么,我们就得探测一下那位经理说的是否是真话,还是仍然有讲价的空间。

在这样的情况下，你就会经常发现销售人员在与销售经理在办公室里面背着你在玩语言游戏。这样一来一回，你就无法知道他们做了什么决定，你处于一种不利的情况下。

相反，当销售员说："请你等一下，我去请示一下经理。"

你就可以说："不用麻烦了，我还是直接跟你们经理谈吧。"

你必须坚持顾客跟销售人员和经理在同一间屋子里面，这样你才可以向对方发起进攻。

或者是在那之前，你就先向销售人员提出另一个问题："如果我就给你们135000，你能否让你的经理给我一个正式的答复？"

如果他说："那样不可以。"那你就坚持要亲自与销售经理直接谈话。

但是如果销售人员回答说："可以，我将把你的要求转述给我的老板看看他怎么说。"

那就意味着他之前给出的14万的价钱已经不存在了。

为什么在他知道14万元是最低的价钱的时候他还能答应你的要求呢？

其实他的反应已经告诉你你想知道的一切，这次谈判并没有结束，才刚刚开始，但是你想得到一个比较满意的结果，就必须在一定程度上与经理保持联系。

比对方更吹毛求疵

俗话说:"如果你足够计较,你就可以得到更多的花生。"

吹毛求疵可以让你得到很多额外的东西,或者是一些在你们合同本身没有提到的东西,在合同签完之后有时还要附加很多的条款。

因此,在你买下那台车之后,你可能对销售人员说:"我确信你对于洗车和加油是很在行的。"

如果是一台二手车,可能你就会向维修工要一张没有任何记录的车辆保修单或者是让维修工做一次销售之后的随机检查。

一种吹毛求疵的办法是假装问许多挑剔的问题。

另一种办法是当你在购买房子的时候你可以说:"我知道你要给我留下些简单的家具,但是既然他们真的要同房子一起留下,那我想要放在车库里的工具。"

在很多谈判中,吹毛求疵的态度可以让很多不可能变成可能。

额外的要求并不是不道德的行为,你不坚持要得到更多的额外让步,仅仅是提一个要求,只要你询问的方式很礼貌,就不会造成不良的后果。

在契约签订以后,你就不会说:"如果你不给我那些我事先要的小东西,那咱们的合同就没这么顺利签下来了。"

假如双方当事人已经签署了一份合同,一切事情都已经定下来,这时候卖家反回来说:"我想要更多的钱。"

或者是买家说:"我想要更低的价位。"

这样就很不合理了,作为一个已经签署的合同,你单方面地要求修改合约的某些条款就显得不太道德了。

有一个很有效的反驳的手段用来对付这种吹毛求疵的态度。

张献之是一位老道的谈判高手,如果有人想在他正在做的生意中采取吹毛求疵的办法,那么他就可以轻松地把握并且操控它。

张献之会在他吹毛求疵的基础上加一个价钱,所以如果对方正从他手里买一辆车并且要求他帮他清洗一下车辆还要加满油的话,张献之一般会说:"我当然愿意为您效劳,但是洗车需要另加30元,汽油是200元,这两件事一共230元。"

如果是关于家具的那份合同,张献之的反应就会是:"我的新房子需要那些工具,但是如果你真的想要的话,我可以给你一个你认为可以接受的价位。"

吹毛求疵的办法在很多情况下都可以实践,在张献之的经历中,他已经发现有些人正在他们的谈判中极其熟练地运用这种手段。

第十一章 强硬策略及其使用时机

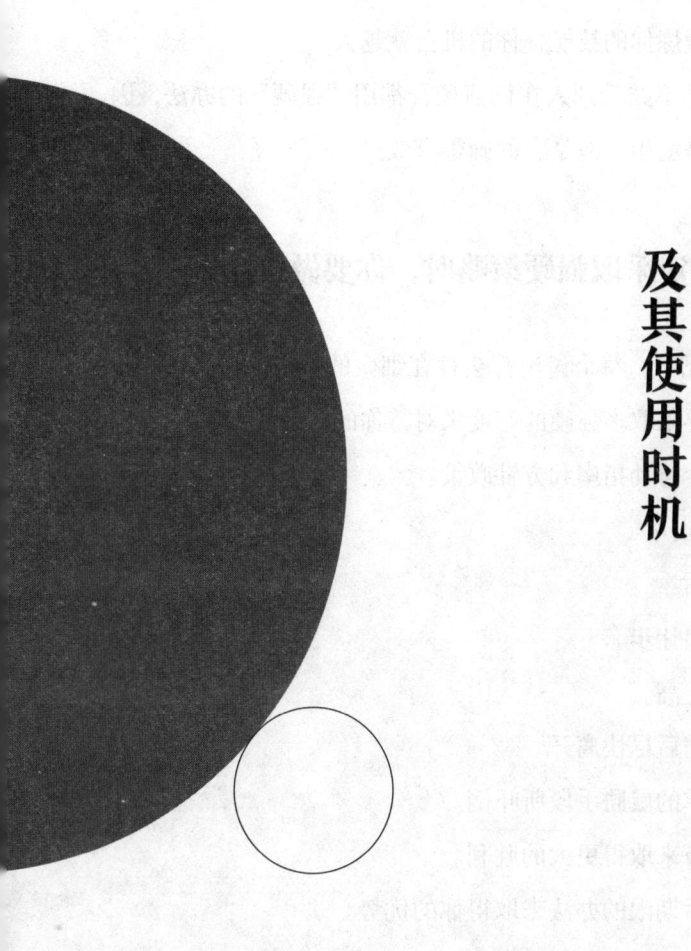

在态度强硬是你最好的选择的情况下,你作为一名谈判代表,你越多地锻炼你的技能,你的机会就越大。

虽然我们并不鼓励别人在任何场合都用"强硬"的办法,因为它并不是总是适用,但是它的确很有效。

当你决定采取强硬策略时,你要做些什么

在任何情况下,每个讨论都会存在细微的差别,你必须能正确地决定你需要采取多强硬的态度来对待你的对手。

下面有 9 个行动指南和方针政策。

1. 确定基调。

2. 不要说话。

3. 适当做出让步。

4. 把目标定高。

5. 谈判成功后尽快离开。

6. 不被简单的威胁手段所吓倒。

7. 注意细节来取得更大的胜利。

8. 采用最后期限的办法来取得你的优势。

9. 耐心和吝啬。

下面再具体解释一下这些注意事项。

1. 确定基调。

你的对手给你定下了一种威胁你的基调,根本没有提到平等

交换，因此我们就以其人之道还治其人之身，采取"强硬策略"。

现在的情况是：我们不喜欢你处事的方式，这种方式对我们来说是不平等的。但是，只要你选择这种方式，那么我们就根据我们的原则来办事，如果你想要用强硬的态度来办事，那么我们同样会以强硬的态度来对待你。

你甚至可以运用各种不同的态度，当然如果你能平心静气地，同时又能很友好地跟别人谈判那自然很好。

这个社会上有很多不同性格的人，所以你必须时刻准备着在谈判中随时变换你的语言基调。

对你来说在合适的时候取得控制权是很重要的，如果你能够确定你的基调那当然更好，但是如果你从一开始就表现得很软弱，而对手却采取强硬的态度，那么你友好的态度一定不会产生任何影响，这时候你就需要及时地改变策略了。

如果他们仍然采用否定的态度，不要跟他们硬碰，就按他们的原则来办，但千万别被他们的阵势所吓倒。

2. 不要说话。

顾名思义，当你用"强硬策略"的时候你应尽量少说话，同时也要让你的伙伴保持缄默，在谈判中经常说话的一方很容易处于劣势，因为言多必失。

一旦你决定采取强硬策略了，你一定要坚定这个信念，否则你就会失败。

一旦你决定用这个办法，你就不要再过多地解释原因，这样会给你的对手可乘之机，保持沉默，让对手完成所有的语言工作，这个办法需要你有足够的勇气去实施，但是它绝对是一个非常有效的技巧。

3. 适当作出让步。

当你采用"强硬策略"的时候，除非你处于次要的地位，否则你不必作出任何让步，一旦你在一个问题上坚持自己的观点，你就没有回旋的余地，否则你将被视为软弱无能。

如果那样的话，实际上你的"强硬策略"就已经变成"接受他还是放弃他"的情况了，如果你已经改变你的姿态，你的对手要求你作出让步，然后你还屈服了的话，你就彻底破坏了你原有的计划了。

如果你的对手要求一点很小的让步，你觉得可以答应他，即便那样，你也一定表现出很不情愿的样子。

举个例子，在谈判的中间，你说你必须在两天之内得到他们的答复。他们反过来说："能不能给我们3天时间？"

如果多一天也不是很紧张，你就可以答应他的请求，因为这不会影响整个交易的进程，但是即便这一天并无大碍，你也一定要表现极不情愿。

鉴于此，你可以这么说："我可以给你3天时间，但是只有3天，如果你继续拖延的话，那么我们就不用再谈了。"

从犹豫的对手那里接受让步很重要，一旦你决定采用"强硬策略"的办法并且你在某些方面已经取得了优势，你应该慢慢地退回来,你应该承认他已经做出让步了。

例如,你可以试着说:"我也没有什么想要的了,即使我们已经取得一点进展,但是我们还有很长的路要走。"

这样的话,效果或许会更好。

4. 把目标定高。

如果你在开始的时候就把目标定高,在以后的进程中你就可以走得更容易,这是一个最基本、最好的确立目标的建议,它在任何场合都适用,当然也包括你在谈判的时候运用"强硬策略"的情况。

无论何时,只要你想要什么东西,你的对手就能够提供给你,它也就成为一个出发点,在任何你想要的东西全部都能兑现的情况出现的时候,这说明你当初定下的目标太低,你的对手为了让你满意就会先提供给你比你预期目标还要多的东西。

切记,如果你定的目标太低,他们很轻松就接受你的要求,那么你对最后的结果就不会满意的。

你应该扪心自问:"他们满足我的所有要求,如果当初我把目标定得高一点的话,我就能够得到更多。"

例如,有人想要以 24 万元的价钱卖掉他的汽车,但是他告诉你的价格是 40 万元。

如果他告诉你 40 万元就是他所能够接受的价位,不能再少了,你肯定不会相信,你一定会想办法降低价格,比如 35 万元或者是 30 万元。

如果定在35万元的话,他会觉得很满意,而你也会觉得你已经占到了便宜。

5. 谈判成功后尽快离开。

一次成功的谈判取决于双方的合作,也看你是否有能力让人们改变自己的立场。

如果你要讨论的问题很少,那么能作出的让步也非常小,有越多的问题没有解决,为了你的利益,你就越不得不降低要求来换取更多的谈判空间,只有这样,你才能一步步地接近你的预期目标。

卖车的例子恰恰证明了这一点。

如果你想要付35万元,而他却想要40万元,那么你们之间就只有5万元的差距。

而当他要求40万元卖这辆车的时候,他就为以后的讨论提供更大的空间,在35万元和40万元之间,你们只有5万元的活动范围。

当对方说我想要40万元的价格卖这辆车时,他就有很大的让步空间,他可以把价钱降到35万元,便宜了整整5万元。

这个时候对方也许就会说:"我已经让给你很多了,35万元的价钱对于像我这样的车是很合适的价位了。"

他玩了点小聪明,你就把价钱定在35万元,你猜结果会怎样?

虽然对方已经按他理想的价钱卖出了这辆车,但是他还是会抱怨为什么当初不把价钱定得更高一点。

如果当初对方就把价钱定为35万元，一旦你认为还有讨论的余地，你就不会同意接受这个价钱。

对于卖家来说刚开始的定价很重要，把初始的价钱定太高有可能会令真心实意的买家望而却步，同样地，买家刚开始也不能出价太低，这样会让卖家认为这笔生意很难再做。

6. 不被简单的威胁手段所吓倒。

把事情简单化，这样的想法大家都愿意接受。

例如，你在进行一场谈判，但是双方对价钱的争议一直很大。卖家想要出28万元人民币，可是你就想出24万人民币。

这时，卖家说："我不想再多说什么，我们都各自退让一步，把价钱定在26万元吧？"

这就是一种比较简单的解决问题的方式，但是，它并不是解决问题的最好的方式。

例如，通过你的调查你发现这个商品最多值25万元人民币，那你为什么还要花26万元去买它吗？

并不是所有的谈判都是以达成协议为最终目的的，一笔生意最终在双方的思想上都会得到认同才可以，所以卖家提出平均差价的办法。

这个办法虽然很简单，然而这里还是存在一点强迫的意味在里面，根据你的信息来判断，这个价钱并不合理。

你可能就会反过来跟你的卖家说："根据我的调查，你的商品的价值不会超过 23 万元人民币,我想要给你 24 万元是因为我在这笔生意上投入太多的时间了,现在是该结束的时候了。我们只能在 23 万元和 24 万元之间讨论,我认为这更实际一点。"

现在就是需要你采取强硬行动的时候了,因为你已经拒绝了卖家的建议,也同时否定了最简单的解决方式。

这个时候你就要采取"不要说话"的办法了,因为你肯定不想陷入一场关于你调查范围和调查渠道的可靠性的辩论。

另一个可行的比较简单的解决办法就是提出这样的建议:"让我们请一名关于估价方面的专家来决定这个价钱,然后再解决这个问题。"

卖家肯定会把这个问题交给他们自己的专家,他可以对这些专家进行控制,但是,"强硬策略"会迫使你放弃这个想法。

你可以坚持这个简单的解决办法,你可以说:"我不需要专家来告诉我应该付多少钱,我应该依靠我自己的经验来作出决定。"

这样一来,局势就完完全全的掌控在了你的手上。

7. 从注意细节中取得更大的胜利。

千万不要掉进"拖延策略"的圈套中,当你在谈判中采用"强硬策略"的方法时,不可能面面俱到。

当然,你可能愿意同对方互相让步,但是这个方法就使你在大的利益面前不再计较小的得失,也正是这样,你的办法本身也没有提供更多的讨价还价的空间。

8. 采用最后期限的办法来取得你的优势。

当你用这个办法的时候，你可以规定一个让你的对手很难同意的最后期限，你就可以利用这个最后期限来得到你想在交易中得到的东西。

既然你知道人们在最后期限到来的时候都会很自然地想要拖延时间，你就可以用"强硬策略"的办法来对他们施加压力。

9. 耐心和吝啬。

对手总是想要一个令自己满意的结果，他们急着想要签合同，所以，只要你越小气，你就越可以争取更大的主动。

一个吝啬的谈判代表总是把每件事掌握在自己手中：时间、条款、细节。耐心跟吝啬是形影不离的，你能够吝啬地对待你所得到和放弃的东西，即使你放弃的真的很少，只要你越吝啬，你就越能感觉你做出的让步有多么大。

在谈判的过程中采取强硬的路线是"强硬策略"中最有效的部分，当你感觉结果正慢慢掌握在你的手中的时候，你可以不用那么强硬了。

当你在谈判中不想做任何让步的时候，这就对你的"强硬策略"要求很高，你需要有很大的耐心来控制自己，所以你必须既要细心又要有耐心地去完成你的结束策略。

然后，你就可以把态度缓和下来，开始做出一些小的让步，这时你的对手会有这样的感觉：你并不是很难相处，他们正在逐步取得胜利，他们感觉这毕竟是一次成功的谈判，只要你能在至关重要的方面赢得优势。

你可以在这个时候放弃所有的小的细节，你为作为"强硬策略"的一部分所付出的细心和耐心最终就会得到回报。

对方需要的，甚至是渴求的是在谈判中取得满足感，更多的时候，他们期望事情已经搞定，但是希望事情尽快结束的想法可能会影响他们的准确判断。

只要是不影响你的判断，你就可以把他们的这种想法作为一个很有效的武器。

第十二章
谈判降维,
有底线才能做到张弛有度

如果我们都必须用友好的方式跟人谈判，那么这个世界将会变得十分美好，诚实的人不愿意跟我们玩脑筋急转弯的游戏。

但是，不幸的是，那不是世界的真实情况。

每一个难对付的人都有他们各自的弱点，一旦你知道了如何在战略上发挥最大的力量从对方的弱点中取得最大的优势，你就赢得了谈判的一半，即使你面对的是难对付的人。

谈判高手一般都会把最难对付的人的性格分成了3类。

适当施加压力，也是一种思路

你所遭遇的第一种人很可能就是威吓者这种类型。

通常情况下这种人都是男性，也可能是比较有压迫感的女性，如果他能够成功地利用她的压迫感让你无计可施并且向他投降，他就会那么做。

这就是欺凌弱小的人，但是也有一个办法来处理这种情况。

威吓者通常是指一些在谈判中掌握主动权的人，就像校园中欺凌弱小的人仅仅因为他们年龄要大一些，就威胁其他的小孩子。

这些人会运用形体动作和气质的结合，比如声音、声誉，语言来威胁你，看你对他的行为有何反应。

实际一点来说，他威胁你并且控制你的唯一目的就是支配整个谈判的过程。

有时候这种力量的来源仅仅取自于生理,一个身材魁梧的人明白他只能通过高大的身体来威胁别人,一个十分高的人用他那低沉的声音更容易威胁到别人,因为他比他身边的人都要高而且说话声音也更大。

这样的条件更容易使他学会用他的生理优势来威胁其他人,我们很少能看见一位高大强壮、声音洪亮的人性格很温顺。虽然那也不意味着那样的人就一定是欺凌弱小的人,但是大多数身材高大的人性格都要比一般人外向得很多。

谈判高手孟弛的第一次会议在他的工作生涯中出现得很早。

孟弛之前从来没有见过李克道,但是他们曾经讨论过一笔生意,那个时候孟弛的委托人已经交了40万元作为租赁的保证金。而孟弛当时在李克道的办公室等着去拿房屋租赁的详细说明。

通常情况下这没什么大不了,那是一份卖家提供给买家关于办公室建筑买卖的标准文件,它通常包括一份所有房客的名单,他们的租期截止日期和其他重要信息,而且李克道的3名律师已经答应他检查租金账目了。

但是,办公室的门突然开了,李克道大摇大摆地走进来,他盯着孟弛看了一会儿,然后嗓门很大地说:"年轻人,我确信你的委托人会因为你在租金账目问题上的固执主张而损失40万元了。"

这句话是他的开场白,在他的身后还站着他的3个律师。

不知情的他在叫孟弛年轻人的时候犯了一个巨大的错误。

因为孟弛对于自己年轻的外表非常的敏感，尤其是当有人认为年轻就是缺少经验的时候。

孟弛确实是看起来比较年轻，但是他从事法律方面的工作已经好多年了，并且在房地产领域确实已经积累了足够的经验。

对于孟弛来说，他好像是在叫自己"小虾"。

鉴于他的傲慢自大，孟弛回答："你的律师告诉我他们今天就可以给我租金账目。"

听到这里，那3个律师立刻变成了3个蛮不讲理的社会混混："我从来没有那样告诉他们！"

李克道又一次恐吓孟弛："好吧，如果你坚持索要租金账目，你现在就可以回去了。"

孟弛的情绪已经十分激昂，他很生气地回答说："我不是代表你，李总，我代表的是我的委托人，只有他才可以跟我说什么时候可以离开，还是留下。我可以给我的老板打电话，问他想要我做什么，但是在我看来，如果你真的想要留下这40万元，你就不会来跟我谈判了。"

他的反应是转过身，对着屋子外面大声咆哮。

孟弛把这个情况用电话报告给委托人，委托人十分恐惧，表示不想再要回那份租金账了。

李克道是在试着胁迫孟弛，但是并没有奏效。

因为孟弛很清楚他们可以继续追要那份租金账目，但是他不会把真实情况告诉李克道。那个时候，李克道拒绝给孟弛那本账目的举动令孟弛感到迷惑，因为那只是一个很不重要的账目。

直到孟弛积累了足够的谈判经验之后，他才知道：李克道只是在测试他，李克道想看看孟弛面对他的巨大压力会有什么反应。

不久之后孟弛就会知道他对自己的表现有如何评价了。

第二天，李克道给孟弛打电话，他用很友好的态度跟孟弛说："小孟，吃了吗？晚上一块去吃海鲜啊！"

孟弛想了一下，然后笑着回答："李总请客吗？"

李克道也笑了，"当然是我请了。"

仅仅一天之后，孟弛就与李克道变得亲密无间了。

后来李克道对孟弛说："我已经让你的委托人来我的办公室了，并且准备了一份文件等着让他签字。他却说他不能在文件上签字，除非你对这份文件满意。只有我把文件给你读一遍看你是否满意，你才可以建议你的委托人是否在上面签字，对吗？"

李克道既然有求于孟弛，那么他当然要说一些好听的话，当孟弛听完文件的内容后，他确信其中的内容对自己的委托人都十分有利，才告诉他可以在上面签字了。

这件事的重点是，当你观察一个很有权力的人的时候，你可能在看到他的强硬的一面的同时，发现他完全相反的一种表现，这是喜欢威胁别人的人最典型的表现。

他们的态度变化取决于他们需要什么或者是当时他们想营

造一个什么样的氛围。既然李克道也发现这种碾压式的手段对对方不奏效，所以他执行了他的第二套怀柔方案，这次的效果很好。

当你知道威吓者是如何运用策略时，你对付这种人就会得心应手了。

他们的做法是威胁你，直到对你不再奏效，然后才执行第二套方案。既然他想通过第二套方案把你争取过来，那么这就会给你提供很大的优势，他们想要取悦你因为他们想确信他们仍然掌握主动权。他们让自己感觉十分良好，或者说是至少要装作十分良好，并且让你完全受他们的控制。

威吓者的最主要的缺点就是他们的行为很少有十分真诚的，他们在不同的时间扮演不同的角色，但是他真的不知道怎样才能通过正常的行为来得到人们的喜欢。

下面给你介绍几条与威吓者共事的建议。

低调而坚持原则

孟弛并没有面对面地激化自己和李克道的矛盾，但是他也曾提醒过李克道，自己不是为他工作。这就是让李克道知道他不能威胁到孟弛，这样，孟弛就可以站在自己的立场上表示自己根本没有被他的表现所吓倒。

这一点很难做到，当某些有权力和声望的人与你面对面时，你很容易变得狼狈。

没有人比威吓者更使人狼狈的了，他很机械地用碾压式的方法试着开始测试你，他仅仅是为了看你是否会被吓倒而退缩。

如果这个办法有效，他就会继续使用这个办法；但是如果这个办法不奏效，有两件事就会立刻改变。

第一点，他可以用不同的手段来达到他想要的结果。

第二点，事情的掌控权就由他转移到你的手里。

在战场之外建立和谐氛围

在这件事情中，李克道用一种友好的态度与孟弛通话，进而与孟弛建立起和谐的关系。

如果他不这样做的话，孟弛就不得不继续对付他，也不得不寻找一种办法来解决这个事情，他首先这样做了，也就铺平了道路。

当与欺凌弱小的人做生意时你要记住的最重要事情就是：永远不要做那些可能在他的下属看来会降低他身份的事情。

私人谈话，商业酒会或者是单人的邀请都会促进生意的合作。

一旦他发现威胁的手段不起作用，他将会跟你建立起和谐的氛围。

他可能试着成为你的朋友而奉承你，或者是在谈判中找到其他的办法来"压制"你。

当他的缺席影响到谈判的进程的时候，你就不得不逐渐地建立起和谐的气氛，因为优势已经在你这边了，对你来说把握住这个优势是十分重要的。

诸如电话谈话之类的事情，你可以这样说："我知道我们都已经做错事情了，但是我们都想独自把这件事情搞定，所以还是让我们共同把所有事情都做好吧。"

在同一个电话交谈中，孟弛一定会进一步营造和谐的气氛，他会告诉李克道："李总，如果我站在你的一方，我一定不会要比我能给予的还多的东西。如果你把这句话告诉你的律师，他们将会发现我是一个很好相处的人，这样的话，我们就能够共同合作，一起尽快地完成这笔生意。"

当你出于以上的原因来要求他的时候，你的论点就会具有强迫性，当你为了营造和谐的氛围而作出努力的时候，他可能会认为他赢了。

这并不要紧，让他就样认为好了，只要是你想要的合作已经达成了，结果你很满意，那才是你的目的。

建立长效监视机制以防突然袭击

在孟弛和李克道建立了和谐的氛围之后，孟弛直接就会跟李克道联系，因为他承认他们俩已经是朋友了，如果孟弛需要帮助的话，他可以向李克道提出请求。这成为孟弛跟李克道律师联系的杠杆。

如果说，他们做了令孟弛不满意的事情的话，孟弛就会打电话告诉李克道让他直接解决这件事，通常这种威胁足以让律师们改变他们的想法。

孟弛的经验让他得出这样的结论，喜欢运用威胁的方法的人不喜欢读文件，他不喜欢一些细节的东西，他想要他的手下去做这些工作；他更喜欢以一种悠然的姿态走进房间，然后跟他的随从们吹牛。

然后，除非是批评人的时候你可以见到他，其他的时候他一概不出现，所以，另一个对付这种人的很有效的办法就是把所有细小的事情都交给他审阅，并且不停地向他汇报一些情况。

例如，每次孟弛给李克道的律师一份文件的时候，他都会再复印一份交给李克道，在重要的房地产交易中，来来回回总共有数百份文件。

如果不考虑其他的事情，房地产是最复杂的工作，因为它有大量的文书工作，而且房地产生意都是需要落实在纸上的文件，鉴定也是如此。

当孟弛把每一份文件复印件交给李克道的时候，他的目的是什么呢？

首先，这样可以让律师恐惧，因为他们知道他们的老板可能评定他们的表现，这就意味着，如果他们有一步做错的话，他们的老板就会对他们进行劈头盖脸的数落。

其次，如果某些事情过早出现，律师说："我们从未同意过那件事。"

孟弛就会回答:"我3个星期前就跟你建议过,而且李总也从来没有反对过。"

如果事后李克道说他从来没有同意过这件事情,那么孟弛就可以这样告诉他:"李总,我在几星期之前就提出过这个问题,你和你的下属并没有表示异议,怎么到现在最后的时刻你又提起这个问题?"

孟弛这样的做法可能不一定会成功,但是对方已经起了防卫心理,这个文件屏障让你掌控着主动权。

即使,一个人是喜欢欺凌弱小的人,他自己也会被任何烦琐的交易中的众多细节问题压得喘不过气来。

了解每个细节

你可能听说过这样的话,"没有人喜欢什么都知道的人"。

其实,这句话在除了谈判之外的其他情况下都适用,在某些人看来,这里有很多自称什么都知道的人。

在你遇到这些人的时候,你完全可以运用自己丰富的个人经历、你的名望以及你在这个领域的显赫地位与这些人一决高下。

这种人之所以很难对付,主要是因为他自认为自己通晓你正在处理的这笔生意的每个细节,他越有声望,他就可以取得更多的成功,进而变得更加傲慢自大,这就是对付这种人的主要障碍。

一旦你开始讲话,他就会跟你说:"我已经经历过这样的情况很多次了,我在你出生之前就从事过这项工作了,我知道你所有要提的意见。所以你不用告诉我应该做什么不应该做什么,我已经知道应该做什么了。"

一旦他表现出这种态度的话,你就已经取得了优势。

千万不要这样想:这可能对我谈判时的情况不利,从你接触的每个人和每件事情中你都可以学到很多东西,只要你不停地学习和收集信息总是会有用的。当孟弛在某大学当客座老师讲谈判的课程的时候,他把自己的地址、电话号码和传真号码都给了他的学生,而且鼓励他们在遇到谈判问题的时候打电话给他。

在过去的几年中,孟弛的学生曾给他打电话并让他学到了很多东西,而孟弛也偶尔会向他们提问并看看是否能收集到一些对自己有用的信息。

孟弛告诉他们,如果自己的建议有用的话就告诉他,自己会把他们的反馈收藏在记事本里面,以便为以后的回复做好准备。

自认为无所不知的人的缺点是他们认为自己不需要继续学习更多的知识了,他很自信地认为自己已经掌握这个问题的一切相关事宜,这时候,你就可以把他的这种想法变成自己的优势。

把表现"聪明"的机会留给别人

当有人跟你说:"我是个专家。"

你所用到的第一个手段就是尽量表现得谦虚。

这时候你最好的回答就是:"是的,我知道,我拜读过您的作品,而且还跟与您共事的人聊过天,他们对您的评价都很高。"

奉承自以为无所不知的人会让你达到你想要的任何目的,在你认可他的专业技术的同时,你在助长他的自负态度。

尽管谈判对他来说是一个很大的难题,他依然相信你把他当做权威来看。

一旦那些自以为无所不知的人认为你已经被他的高傲表现所折服,他的戒心就会慢慢降低,我们可以从"龟兔赛跑"的寓言故事中学到很多东西。

那只兔子的速度很快,它确信自己可以赢得比赛,所以它在半路上就睡觉了,结果输给了一直锲而不舍爬行的乌龟。

基本上来说,当自以为是的人一旦确信你已经了解并被他渊博的知识所折服了,他就会像兔子一样很安心地在半路上睡觉了,只要你一屈服于他,那些人就会自我放松,并且很确信自己已经取得胜利。

现在,那些自以为是的人最大的自负思想可能已经被他们的经历所证实了,但是把你对他谦卑的态度和他思想上的松懈结合起来，你就可以抓住机会赢得优势。

多恭维，少透露有效信息

自以为是的人可能被认为是你在谈判中遭遇到的最傲慢的人。

然而，如果你的注意力全部集中在你想要完成的事情上，可以利用他的自大和装模作样的自以为是，展开你的行动。

你需要做的最后一件事情就是争取一次面对面的讨论，因为那些自以为是的人知道的远比你要多，而且他们更加博学，他们不会让你赢得任何一次讨论。

事实上，如果你直接就去挑战他的权威，你就会激怒他并且他不可能再跟你达成任何一致，相反，你可以安抚他的自大情绪来获得他的让步。

当你有特别的欲望想要赢得胜利的时候，你不要太注重细节。

但是也不能放任自流，相比较于很卖力地想在合同中的某些条款中达成一致，你不如说："你知道这个问题很有代表性，可是你已经处理过一千次了，我知道这是你最熟悉的风格，但是我们可以一起用它来解决问题。"

当他接受你的建议之后，他可能发现这跟以前那种典型的问题不一样，但是自以为是的人从来不会承认他之前看出这有什么不同。

那样的话可能会让他觉得自己完美的学识存在一些瑕疵，这样他就更加有可能同意你的观点，他就更容易听从于你的建议，但是他不会在意其中的细微差别，只是会承认他听从的只是他已经听过了数百遍的建议。他的过于放纵的高傲态度只会让他不够专心。

如果自以为是的人敢于向你提出挑战，怎么办？

他可能会对你说："你为什么说这件事情是十分具有代表性的？除了具有代表性是不是没有其他特点？"

这个时候比较好的回答是你反问他："当然，您的经验和知识都比我丰富，能不能请您告诉我您认为什么是具有代表性的？在您广泛的专业知识的基础上来看，怎样定义这个句子？"这就可以让自以为是的人有机会来炫耀自己的知识。

这样的机会非常好，他的底线回答至少也是纯粹的语义上的事情，这样并不会激怒他，因为他只想被人认可自己是一名专家，因此，我们可以让他自己发挥，看他的表现如何。

对待这种人面对面的挑战，最聪明的办法就是说："你自己想在这项协定里得到什么，你尽管告诉我，我都会满足你的，我想要得到什么，我想你早就知道了。"

这样的话，我们就不用确切地告诉他我们想要什么了，我们只想知道他想要给我们什么，而我们想做的最后一件事就是挑战他的权威。

既然我们已经处于比较卑微的地位了，他就不会把我们当成一个很强硬的谈判对手,更不会是他的威胁,我们就要利用他的权力光环和他的知识来对付他,这样我们就赢得了优势。

向他身边的人求助

当你尝试着做成一件事时,你要想办法得到他身边人的帮助。

通常情况下,自以为是的人都不愿意让自己陷入谈判中一些琐屑的事情中,所以他习惯于依赖他人。

如果你能让他所依赖的人听从你的吩咐,并且记住你所说的话,那么你就可以赢得那些自以为是的人的信任。

例如,你可以问他:"为什么你不让你的部下把这个东西带给你的老板?我猜测他也许会知道怎样解决这个问题,我认为他一定会告诉你,因为我刚才问的问题非常的平常,而他早就已经做过无数遍了。"

他会把你的消息带给老板,老板会给那些自以为是的人一个答复,你将会从中得到一些消息。如果老板想要因此开个会,那么就确定一个会议来使"郑砂"上钩。

看透那些优柔寡断的人

有这样一种人,他总是很难作出决断。

那样的人最难相处,因为你从来不知道你站在哪一边,甚至是你在想些什么,你总是在犯错误。

如果他说"是的",那么在这一刻他可能这样认为,但是一个小时过后,他可能就会否定自己的答案。

他也很喜欢说:"这个主意听起来不错,但是我还是要考虑一下。"

他从不想对任何一件事做出最后的判断,如果拖到最后他不得不作出决定的话,他总是会找出一些办法让自己摆脱这件事情的限制;如果否定这件事情比肯定这件事情容易的话,他就会否定。

第十三章 在谈判中要灵活机动,不拘一格

每一个有技巧的谈判代表都会扬长避短地去了解在特定的情况下应该做什么，不应该做什么。

一定要相信自己的能力

本能可以引导我们，让我们避免犯同样的错误，既然这样，我们应该养成一种习惯来利用有价值的信息，忽视你的本能是一种错误的想法。

一般而言，每个人在他们的生活中都会形成一种本能，它们中的很多完全是下意识形成的，但是它们是在我们的经历的基础上形成的。

如果这种本能是正确的话，我们就应该接受它并且在它的基础上利用它，如果这种本能是错误的话，我们的经验就会告诉我们去改变它或者抛弃它。

其实，你所形成的本能通常情况下是正确的。

举个例子，让我们假设一下，你和你的妻子正在夜晚的街头散步，这个时候你发现在前面的道路已经被一群跳广场舞的大妈给完全占据，这个时候，你就会下意识地变更路线。

所以你可能会选择穿过马路，这是你的下意识的行动，你根据你以前经历的相同或者相似的情况，或者书中读到的和听说过的这种情况采取了这个行动。

当你在办公室会见一个人时，你的本能反应就是，利用你的经验来判断这种类型的人应该如何对付，所以你正在跟一个人谈判的时候，你的本能反应告诉你不能相信他——这个时候无须任何的理论依据——你的本能反应基本是对的。

你可能在其他的时间会见同样有这种性格特点的其他人的时候，用相同的语言，相同的谈判方式，不知何故，你的本能反应就让你作出这样的判断。

有的人可能就会这样跟你说："你可以跟我合作的，因为我是一个诚实的人。"

从你的经验来看，这人多半是不诚实的，因为你知道一个真正诚实的人是不会告诉你他的真诚的，只有大多数不诚实的人才会这样强调自己的真诚。

谈判高手欧阳禹的哥哥在他的生活中扮演了一个十分重要的角色，但是其他人可能不会这样认为。

在小时候，欧阳禹的家境是极其贫苦的，他的哥哥在十六岁就辍学出去打工了，因为家里没有钱供他们两兄弟上学。

欧阳禹从小就知道，哥哥的学习成绩是很好的，将来一定可以考上名牌大学，但是哥哥为了他，放弃了学业。

后来，他们的父亲也不幸因病去世，家里的支柱瞬间坍塌，为了给父亲治病，家里花光了所有积蓄，几乎是文盲的母亲也只能在饭店做服务员来赚取少许开支用度。

父亲去世的那一年，欧阳禹想要放弃自己的学业，和哥哥一样外出打工，为家里减少负担，但是他的哥哥不允许他这么做。

欧阳禹至今为止，仍然记得哥哥当时对他所说的那句话，"弟弟，不要担心，你好好读书，只要你能考上大学，哥哥会负担你读大学的所有费用，相信哥哥。"

从那之后，欧阳禹更加发奋的读书，而他的哥哥却毅然决然地选择了从商。

他真正的潜质不久就体现出来，他在任何领域都是一名超级商人，他有远大的理想，但是资金问题让他又回到了现实。

家庭里面的所有人都被他欺瞒了，他拿走了他们所有的钱。

他用这些钱成立了一家名叫九龙的公司并声称他有某个名牌香水的发明权。

他说："没有一个男人或是女人可以拒绝香水的吸引。"

他给大家展示一个非常好的原型，然后告诉大家如果有谁可以提供给他进入市场的资金，他就可以让他们进入公司的高层，他漏掉的内容是他并没有任何生产工具，而且他并不知道打入市场的生产费用是多少。

他承诺一年内可以返回 50% 的投资资金，家庭成员和朋友们都很看好这个主意，也很相信他。但是当他一拿到钱后，就立刻放弃了古龙香水的想法，转而想去以低价购买大量的外国汽车，但是他并没有完成这笔生意的必要资金。

他总是穿最贵的套装，开最贵的汽车，送最奢华的礼品，但是私下里他就是一个负债者。

欧阳禹永远都不会忘记自己的哥哥是一名可以把黑说成是白

的人,因为他总是去追寻不可能的梦想而不是在现实中踏实地干。

他最终在他的银行支票被退回之前,抛弃了他的妻子和儿子离开了这个城市,他带着所有借到的钱消失了;他也从来没有还一分钱给那些曾经信任他的人。

不用说,他也没有为欧阳禹付过一分钱大学学费,母亲成了他的"替罪羊"。

这样的故事已经在欧阳禹的商业生涯中出现过很多次,他发现自己在听别人说话的时候就会想起他哥哥曾经对他说过的话。

那时欧阳禹就会在心底对自己说:"这个人是虚假的;他这个人可以承诺给你星星和月亮,但是从来不会兑现,这个人就像我的哥哥。"

每次在这种场合,欧阳禹的下意识的反应总是很准确,这种本能可以应用在谈判中的各种不同的方面。

例如你在考虑购买一处房地产,你会不喜欢一个特殊的地点或者是建筑,但是却说不出原因。然而,正如你下意识的正确估计一样,你在下意识里已经作出了反应,而且你应当练习做到十分小心。

在谈判中一定要采用自己的风格

谈判高手对财产的买卖价格并不会十分的关注,但是他们会对房产的家族和主人很感兴趣,在他们的商业风格中,想象跟理财有着同样的重要性。

每个人都有基本的特点和谈判方式，并且那总是你如何与其他人进行谈判的起点，尽管你有可能需要改变一些来适应其他人的风格，如果你很尽力地去改变自己的风格来模仿其他人的风格，那就是错误的做法。

例如，如果某人没受过什么教育，只是靠说大话来掩饰自己，那他就是虚假的，人们早晚都会看透他的。

你应该对自己的学历、背景都真实对待，用这些真实的品质来形成自己的谈判风格，在特别的场合形成自己独特的谈判技巧很重要。如果幽默很适合的话就试着有点幽默感。

如果与对方交谈需要用简洁的语言的话，就避免过于繁琐的语言；如果想要与对方打友情牌，就要在坚守底线和随机应变之间，找到一个平衡状态。。

不要谈论自己的弱点

如果你对一名优秀的谈判代表说太多的话，他就会抓住你的漏洞来反驳你，如果你告诉其他人价钱对你来说并不是最主要的，他就会想尽所有的办法来从你身上取得更高的利润，如果你让他知道了你没有耐心来跟他进行长时间的谈判，他就会一直拖延时间，一直到你忍受不了为止。

如果你对你的对手说："我不是很擅长算术"，那他们就会肯定用数学手段来压制你。

如果你告诉他们你的记忆力不是很好,常常会遗忘很多细节的东西,那他就会认为他可以让事情在你面前滑过而不用担心,因为你很容易就忘记了。

千万不要谈论你的弱点,但是你得承认你有弱点。

如果你不擅长算术,你可以随身携带一台电子计算器;如果你的记忆力不好,就把已知事情都记在记事本上。如果你在这个方面很薄弱,你可以毫不犹豫地引进这个领域的专家来辅助你,会计、律师和记录员都可以帮助你弥补自己的不足。

达成协议前要一直保持倾听

当你把你的助手带进谈判中的时候,尽量让他保持沉默,在特别陈述的时候,千万不要让他们替你说话,除非你预先已经同意他们这样做,或者是你特意让他们来回答你的问题。

很多生意就是因为让助手说话太多而搁浅的,记住这点很重要。

例如,你正在跟对方讨论的时候,卖家提出了一个价钱,你是不会想让你的会计参加讨论的。"价钱不是问题,我们本以为你们会要得更高。"你不想让你的助手仅仅因为这一句话就破坏已经计划好的策略。

这一点将针对于你的律师、会计、投资顾问和其他可以很轻率地就把你不想让其他人知道的信息泄露出去的人,你的会计会认为他只是帮助你完成这笔生意,如果他不认识到这一点,他就会让你跌跟头。

你应该训练那些你带进谈判桌上的人,让他们帮助你在不降低你的谈判力度的情况下,更好地掩饰自己的弱点。

第十四章

谈判之外，道义上的承诺

你从别人那里得到的需要遵守的承诺，不一定仅仅局限于合同上的签字。

谈判高手的任何一场谈判，都是建立在私人关系上的，得到的任何好处也都是由此衍生出来的，这其中包括一些超出合同和法律的效力之外的东西。

一个值得信任的人在道义上的承诺比法律合同更好更牢靠。

没有法律效力的意向书

将焦点聚集在交易上，尤其是一宗非常复杂的交易上，从一开始你必须有一个全面而轮廓清晰的定位来明确对方的想法。

在这里，一份意向书或者一份备忘录非常有帮助，进行谈判时可以从大局入手，但为了明确谈判双方的理解度，你应该准备并且分发给在座的人一份整个交易的概要。

意向书和备忘录其实并没有区别，都不具有法律效力，但其目的都是为了达到期盼的结果，那就是，这些所欲记录都是不涉及律师的一种回顾和总结。

意向书一般是在详细讨论之前对交易起到提纲挈领作用的文件；而备忘录则是在谈判双方进行会晤谈判，对一些条款达成一致后的一个总结。

意向书和备忘录的作用是相似的，所以不要为名字所困扰，因为不管是意向书还是备忘录都应该用简练的语言，力求简洁，一两页纸就可以，它们用来总结谈判双方的意向。

意向书和备忘录不是具有法律效力的文件，所以不必使用特别规范的语言。有鉴于此，它不应该像律师准备的文件那样咬文嚼字，而应更口语化，比谈判结束时你的法律顾问准备的合同要简短、概括得多。

意向书和备忘录都应该注重交易的重要部分和具体事宜，这就像画家作画时，在正式下笔之前先在画布上画略图一样，他只是勾勒出个大概，我们只能在大体上看出他要画什么，之后具体的细节会慢慢画上去。

仔细研究意向书和备忘录

在准备意向书和备忘录的过程中，你不仅会关注你们已经达成的协议，还会关注你们尚未谈妥的事情，意向书和备忘录还可以作为临时的谈判状况报告，即使谈判双方并没有深入交流思想，它也能使谈判双方达到相同的理解程度。

假设你在意向书或者备忘录中写道"不动产的购买价格是280万人民币"，但是交易的其他方面还需要进一步阐明，什么时候付钱？首付要求是多少？有没有其他附带条件？谈判价格只是一个切入点。

意向书或者是备忘录促使谈判双方思考都已经谈了些什么和什么需要进一步谈判。

谈判中没有完成的重要条款

解释清楚那些尚未谈判或者没有完全谈判的条款也是非常重要的。

这种重要性对谈判双方可能存在不同,甚至可能大相径庭,当你在准备意向书或者备忘录的过程中,一些你尚未谈判的细节便会浮现出来。

当你认识到这些后,准备一张列表,记录尚未谈判的问题,并且为谈判这些问题确立一个新的日程。

条件之外,还有空白

在大多数的谈判中,由于谈判的连续性被打破,谈判双方会出现一些分歧,但既然谈判在继续进行着,双方就还有解决分歧的机会。

两次谈判之间的时间间隔越长,谈判双方的记忆就会越模糊,所以当谈判停止的时候,记录上次谈判停止时已经达成或者尚未达成的协议的意向书或者备忘录可以作为谈判的桥梁,使谈判在上次的基础上继续进行。

一个谈判往往包含很多回合的谈判,这叫做"分散组合理论"。

也就是说,一个大的谈判实际上就是一系列独立的谈判组成，这些谈判发生在不同时间，在不同的环境下进行，涉及不同的谈判人员，最终，通过所有这一系列独立谈判来达成最后的交易。

但是，由于时间持续很长，谈判双方可能都忘记了在什么时间，都谈判了些什么，这一大堆的小谈判也可能引起麻烦，尤其是当交易已经确立下来的时候，一份意向书或者备忘录可以总结那些谈判双方已经达成的一致意见，记录着谈判的进程。

而且，如果你有详细的笔记或者会议记录，那么你可以随时随地轻而易举地掌握谈判进度。

谁来主导文件

无论何时，当你起草一份意向书或者备忘录时，都需要意识到你通过将想法付诸纸面所获得的优势。

这个优势使你勾画出协议的大致轮廓，使对方只能回答同意或者不同意，如果对方没有回复，你就算是得到了对方对内容的默许，这将会使交易尽快进行。

意向书或者备忘录值得注意的有两方面。

1. 谁起草文件很重要。

无论何时你有机会起草文件，你就应该抓住这个机会，文件包括合同、修正条款、租约，当然还包括所有的意向书和备忘录。

准备文件的人决定文件中应该写些什么、什么是重点、应该省去什么。

你知道在文件中什么需要引起注意，你也知道一些事情因为富有争议性的本质而必须省去。谈判的另外一方会读到你写在意向书或者备忘录上的东西，但同时他们还必须猜测你省去了什么，因为大多数人不仅是很不擅长记笔记，而且也不知道怎样以一种合理的方式刨根问底。

2. 意向书或者备忘录可能解读谈判桌背后的谈判代表。

有时候你可能感觉到正在和你谈判的这个人正严格遵循一定的行动步骤，他们并不是最终能拍板的人。

当你送出一份没有法律效力的意向书或者备忘录的时候，你可以要求签名，当收到回复的时候注意是谁签的字或者签名的首字母是什么。

在意向书或者备忘录上签字的人可能就是真正的决策者。

如果是你从来没见过的人在这上面签字，比如说公司的首席执行官，你就会知道他才是决定谈判的决定力量。

取得对方对你的意向书或者备忘录的同意是非常有效、非常重要的一步。

你必须知道是谁同意了意向书或者备忘录，知道了这个范围和了解到参与作决定的人，这将使对方在这上面签字的人难以在以后提出新的问题。

第十五章

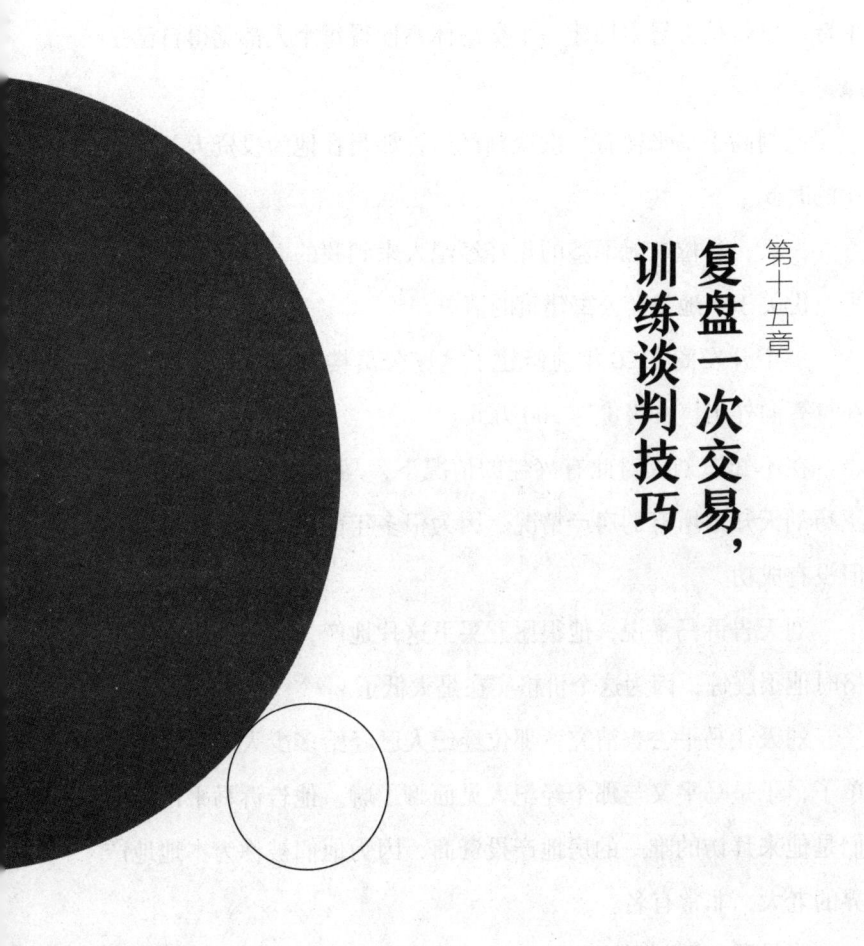

复盘一次交易,训练谈判技巧

寻找能够使双方都满意的途径，是在谈判中经常出现的一个主旨，也就是去努力构建一个交易体系使得每个人都觉得自己是赢家。

谈判高手马平曾有一次谈判经历，那是在他为投资人刘天工作的时候。

一天，一位衣冠不整的年轻经纪人来到我的办公室，交给马平一份关于当地一套公寓建筑的清单。

一个开发商在20年前修建了这座公寓楼并一直没出售，现在打算向外出售，售价为200万元。

在不知道刘天对此有兴趣的情况下，马平把清单给他看了，正巧刘天知道所有的房产情况，因为很多年前就已经尝试买下它但没有成功。

刘天告诉马平说，他很愿意买下这片地产，当马平告诉他价格时他很震惊，因为这个价格实在是太低了。

刘天让马平去查清究竟那位经纪人已经给多少人看了这份清单了，于是马平又与那个经纪人见面聊了聊。他告诉马平说，他们是他来拜访的唯一的房地产投资商，因为他们被称为本地地产界的老大，非常有名。

当马平告诉刘天这些时，刘天说道："老马，如果这笔买卖拿到了市场上去，将会有一场竞拍之战，我们必须避免发生这样的事，所以必须尽快行动起来。你告诉经纪人，我会以300万元的价格买下这片地产。"

马平感到很惊讶,"300万?可是他们只开价200万元,我如何解释要用300万元来买呢?"

刘天笑着说:"老马,你是律师,这怎么解释,还是由你自己来想吧。"

无奈,马平只好又回去找那位经纪人,他还坐在马平的办公室,马平对他说:"我的委托人非常喜欢这片地,但是这里有个重要的问题,那就是价格太低了。"

那位经纪人不能理解马平所说的话,他还以为是自己耳朵出了问题,他低头思考了片刻,认为马平实在说反话,就略显为难的对马平说:"好吧,我知道他们开价200万元有些高,这样,我可以说服他们降到180万元的。"

"你误会了,"马平告诉他,"我没有说反话,是真的价格太低了,我的老板希望你能把价格提高到300万。"

那经纪人完全被弄糊涂了,他问:"为什么有人会以300万元的价格来买200万就能买下来的东西?"

马平诡辩地解释道:"我的委托人是一个古怪的投资人,它不会买价格低于300万元的东西,这就是他的风格。"

那位经纪人立刻飞快地离开了马平的办公室,第二天他就带着合同回来了。

马平把合同签了,并给了他50万元的定金。

现在,意外的结局是,在房产所有权交接以前,刘天就已经在无追索权的情况下,用该房产向银行抵押贷款了600万元,银行认为这至少值这个数了。

刘天以他自己的钱取得了房屋所有权,几个月之后马平也取消了银行贷款而且没有公布最初的买价。

而多付了钱的刘天非常确定他可以很快地取得地产权,根据他的直觉,他坚信他知道房地产的真实价值。

事实证明,他是对的,他做成了一笔大买卖。

如果你在谈判中运用的理念是:一方必须取胜,而另一方必须失败,那么你就不是在采用谈判高手式的谈判方法。

因为你的目标不应该是从对方身上榨取所有可能的东西,而是达成一笔大家都可以接受的交易,双方都能从交易中得到比他们能接受的还要多的东西,离开的时候大家都觉得自己是赢家,任何时候你若能营造出这种感觉,你就是在运用你学到的谈判方法。

通过运用技巧,创造力和善于表演的技能,你可以证明给你的对手看,达成一个双方都能接受的协议是能够实现的,这样你就可以把你的对手变为你的盟友,我们所渴望的结果是一种相互的满足感。

下面总结6条重要的你可以使用的达成交易的技巧。

精通了这些最基本的原理,可以保证你更成功地促成双方都满意的谈判。

1. 保持详细的记录。

在任何谈判中,准备得更好的一方将极有可能成为赢家。

你在谈判中所做的记录就像是你在和对方讨论时的防御物，你可以提出新的问题或是保持前后协调一致，如果你能从记录中查到具体的讨论问题，包括资料和曾说过的话，你就有可以让大家信服的论点。

2. 只要有时间，尽可能地坚持由己方拟定文件结构，并构建好表面的合理合法性。

不言而喻，准备文件的一方将会决定讨论什么样的话题和避开什么样的话题，合理合法性是当你在为真实性和签名说话的时候起作用。

"我以前和通用公司做生意时交易的定金就是这么多"，如果他们承认了这个，将会对你很有好处。

合同、申请、协议以及其他现存的文件都带有一定的合理合法性，因为它们是客观存在的，一般人都相信书面的文字。

3. 如果你可以的话，用公司的政策作为一项谈判的工具。

如果你在一次谈判中代表公司，简单地提出一种观点："这就是我们公司的政策。"将会导致其他很多观点的终结。

不知怎么的，公司的政策就像是老天爷的授权，对方很可能意识到没有必要去改变像公司政策一样僵化的东西，为数不多的人会进一步调查，要求找出并修改公司政策的不足之处，事实上，他找和不找将会有很大的差别，不仅仅是僵化的问题了。

4. 甘冒风险。

你不得不为了取胜而努力，如果你在还没有估计出风险和回报前就冒险行动，这可能是很莽撞的，但是一个存在于计划内的风险是值得一试的，如果你愿意并且能够接受其结果。

例如：如果某人想要推迟谈判的最后进程，你可以计算出另一方如果放弃的话会比你损失得更多。

这样就值得冒险地对他说："这是我最高的出价了，要么接受要么拉倒。"成功的谈判者愿意去冒计算好的风险。

假设一下，比如老板给你如下的报价："我已经把这枚一元钱的硬币抛了49次了，他总是正面朝上，我用100：1的赔率和你赌它第50次还是头像朝上。"

现在你知道概率是一半对一半，所以你会抓住这个机会的，对吗？让我们稍微改变一下我们的设想。

假设你一生的存款是20万元，老板对你说："我想用2 000万元和你的20万元打赌，将会再一次是头像。"

赔率没有改变，但是赌金变了，突然间，失去所有东西的可能性变成了现实。

你开始想："我幸运的话它会头像朝上，但是我也可能会被彻底打败。"你拒绝了赌注，虽然这是一个你精心计算好的风险。

每一位有勇气冒风险的谈判者，都比那些没有勇气冒风险的谈判者们有优势。

5. 把时间当做最后的谈判武器。

每一场谈判都有时间的因素，涉及了谈判发展的不同进程，只要你不是在最后期限的压力下被迫操控，你就可以用时间作为控制谈判的武器。当你知道对方必须在一个具体的时间或地点结束谈判的时候,在最后可能的时刻之前都不要诚实地进行谈判,因为在最后的时刻才是对方最脆弱最能接受你的建议的时候。

你也可以有效地利用拖延的方法来延长你的议事日程,或是对方最终因为厌倦等待而与你达成一致。

最后的期限、僵局和拖延都是和时间有关的谈判方法,弄清楚如何在合适的时机运用好每一个方法,从而提高你的谈判能力并想尽办法防止对方利用时间来对付你。

6. 作出并利用一般的承诺来赢得让步。

为了赢得有利的条件,你可以很自然地给对方作出许诺。

例如,你可以说:"我保证我会一直坚持进行到底直到我们达成一项协议。"不会一走了之这是一个道德上的承诺。

但是如果你打算作出这样的承诺的话,你应该期盼的是互惠才是。

记住,如果条件需要的话你得选择否认你的道德承诺,但是如果另一方这样做了,你可以提醒他们关于他们所作出的承诺并使他们继续进行谈判。

谈判的全部内涵不过只是持续地运用不同的方法来达到好的结果,一些人有实际的动机而一些人没有,一些人秘而不宣,小心地控制着自己的行为,换句话说,努力给别人留下深沉的印象。

笨拙的谈判者会显示出自己是处于优势还是劣势,或是让别人从自己的所言所行所写中发现出什么；熟练的谈判者很容易与之做生意，他们会因此得到他们想要的东西。

你对谈判技巧的了解对于谈判进程的工作很重要，你肯定不希望发现自己处于不利的境地；但如果你发现是这样的话，努力去拖延事态的进程直到你想出扭转局势的对策。

能够在商业、组织以及任何领域中有效地进行谈判是一种非常重要的天赋，你会发现它超越了职业领域并且适用于私人生活之中。

一旦你拥有了对于人们的话中的想法的洞察力，你就能够更游刃有余地应对售货员、朋友、配偶以及孩子。

你能够更好地胜任一名办事高效的售货员，因为这也是需要具备熟练的谈判能力的职位，一旦你有能力发掘一般的错误和人类的本性，你就会成为一名非常全面的优秀的谈判者。你总是会进行谈判，这从没停止。只有达到双赢，并且当你与你的谈判对手建立了信任和亲切的友谊关系时，你才能做成最好最大的一笔生意。